DIESES BUCH GEHÖRT

INHALTSVERZEICHNIS

Einleitung: Anpfiff zum Abenteuer

Willkommen, junge Fußballfans, zu einer Reise, die so aufregend ist wie ein Weltmeisterschaftsfinale! Legt eure Fußballschuhe an und schnürt sie fest, denn auf den nächsten Seiten erwartet euch ein großes Abenteuer. Ihr werdet über grüne Felder sprinten, atemberaubende Tore schießen und unvergessliche Siege feiern – und das alles durch die Augen einiger der größten Fußballhelden der Welt!

Stellt euch vor, ihr könntet in die Vergangenheit reisen und miterleben, wie ein kleiner Junge aus Portugal, der von einer glänzenden Karriere träumt, zu einem der größten Spieler aller Zeiten aufsteigt. Oder ihr verfolgt, wie ein talentierter Junge aus Argentinien trotz vieler Herausforderungen zu einem Magier am Ball wird, dessen Name in den Fußballstadien rund um den Globus gesungen wird.

In diesem Buch werdet ihr nicht nur erfahren, wie diese Fußballer zu den Sternen am Himmel des Weltfußballs aufgestiegen sind, sondern auch, was sie abseits des Rasens bewegt. Ihr werdet lernen, wie ihre Kindheit aussah, welche Träume sie hatten, welche Herausforderungen sie meistern mussten und wie sie zu den Helden wurden, die wir heute kennen und feiern.

Aber es geht nicht nur um ihre Erfolge und Trophäen. Es geht auch um den Geist des Spiels, den Willen, niemals aufzugeben, die Freude am Teamgeist und die Leidenschaft, die jeden einzelnen von ihnen antreibt. Ihr werdet sehen, dass hinter jedem erfolgreichen Dribbling, jedem präzisen Pass und jedem atemberaubenden Tor eine Geschichte von harter Arbeit, Entschlossenheit und purer Liebe zum Fußball steht.

Also, macht euch bereit, das Spielfeld zu betreten. Jede Seite dieses Buches ist ein Pass, der euch näher an das Herz des Spiels bringt, jeder Absatz ein Spielzug, der euch tiefer in das Leben eurer Fußballhelden eintauchen lässt, und jedes Kapitel ein Match, das euch inspirieren wird, eure eigenen Träume zu verfolgen.

Möge dieses Buch ein Tor für eure Fantasie sein und euch zeigen, dass im Fußball – wie im Leben – alles möglich ist, wenn ihr an euch glaubt und hart arbeitet. Lasst die Spiele beginnen!

Lionel Messi

(Argentinien)

"Das Wichtigste ist, niemals aufzugeben, immer weiterzumachen und daran zu arbeiten, jeden Tag besser zu werden. Es gibt keine schnellen Erfolge. Es gibt nur harte Arbeit und die Entschlossenheit, nie aufzugeben."

Kindheit

In der lebhaften Stadt Rosario in Argentinien, wo Straßenmusik und lebendige Farben den Alltag prägten, wuchs ein kleiner Junge namens Lionel Messi auf. Aber für Lionel, oder "Leo", wie seine Familie und Freunde ihn nannten, war die Welt oft reduziert auf zwei Dinge: einen Fußballplatz und einen Ball.

Leo's Beziehung zum Fußball begann, als er noch sehr jung war. An seinem fünften Geburtstag erhielt er von seinem Vater Jorge einen glänzenden Fußball geschenkt. Dieser Ball sollte bald sein ständiger Begleiter werden. Egal wo er hinging, der Ball war immer bei ihm. Beim Abendessen, beim Spielen mit Freunden und sogar beim Schlafengehen - der Ball war nie weit entfernt.

Rosario war eine Stadt, die den Fußball liebte, und die lokalen Spiele waren immer ein großer Anziehungspunkt für die Gemeinde. Leo's Familie, besonders sein Großvater, würde ihn oft zu den lokalen Fußballspielen mitnehmen. Während die Erwachsenen das Spiel beobachteten, fand man Leo oft am Rand des Feldes, wie er mit seinem Ball dribbelte und versuchte, die Bewegungen der älteren Spieler zu imitieren.

Es war während dieser Spiele, dass die Leute anfingen zu bemerken, wie besonders Leo's Talent war. Obwohl er oft der kleinste auf dem Platz war, konnte er den Ball mit einer solchen Geschicklichkeit und Geschwindigkeit bewegen, dass selbst die älteren Kinder Schwierigkeiten hatten, ihm zu folgen.

In der Schule war Leo ein schüchterner Junge. Er sprach nicht viel und verbrachte die meiste Zeit in seinen eigenen Gedanken. Aber auf dem

Fußballfeld war er eine völlig andere Person. Dort konnte er sich ausdrücken und die Freiheit genießen, einfach er selbst zu sein. Sein Talent wurde so offensichtlich, dass seine Lehrer und Schulfreunde ihn oft "La Pulga" nannten, was "Der Floh" bedeutet, wegen seiner geringen Größe und seiner Fähigkeit, sich schnell und geschickt zwischen den Spielern hindurch zu bewegen.

Aber es war nicht immer einfach für Leo. Da er kleiner und zierlicher war als viele seiner Altersgenossen, musste er oft gegen körperlich stärkere Spieler antreten. Doch statt sich entmutigen zu lassen, nutzte er diese Herausforderungen als Ansporn, noch härter zu arbeiten und seine Technik zu verbessern.

Ein besonderer Moment in seiner Kindheit war, als er beim Fußballspielen einen seiner Schuhe verlor. Anstatt das Spiel zu stoppen, spielte Leo einfach weiter mit einem Schuh! Das zeigt, wie sehr er das Spiel liebte und wie entschlossen er war, trotz aller Widrigkeiten sein Bestes zu geben.

Seine Eltern erkannten sein außergewöhnliches Talent und meldeten ihn im örtlichen Fußballclub, Newell's Old Boys, an. Hier begann Lionel's Reise in die Welt des professionellen Fußballs, und es war der Ort, an dem er lernte, nicht nur ein guter Spieler, sondern auch ein Teamspieler zu sein.

Die Geschichte von Lionel Messi zeigt, dass man, egal wie klein man beginnt, mit Leidenschaft, Entschlossenheit und harter Arbeit Großes erreichen kann. Es ist die Geschichte eines kleinen Jungen aus Rosario, der die Welt mit seinem Talent verzauberte und zu einem der größten Fußballer aller Zeiten wurde.

Herausforderungen

Während Lionel Messi's Talent auf dem Fußballfeld für jeden sichtbar war, gab es im Hintergrund viele Herausforderungen, denen er sich stellen musste, besonders in seiner frühen Jugend.

Eines der größten Hindernisse in seiner Kindheit

war seine Größe. Leo war kleiner und leichter als die meisten anderen Kinder in seinem Alter. Dies führte oft dazu, dass er im Spiel leicht umgestoßen oder übersehen wurde. Aber Leo ließ sich nicht unterkriegen. Er wusste, dass er, wenn er den Ball einmal am Fuß hatte, jeden mit seinem Tempo und seiner Technik überlisten konnte.

Doch eine größere Herausforderung sollte bald in sein Leben treten. Als Leo elf Jahre alt war, wurde bei ihm ein Wachstumshormonmangel diagnostiziert. Dies bedeutete, dass er spezielle Medikamente und Behandlungen benötigte, um normal zu wachsen. Die Behandlung war teuer, und seine Familie hatte Schwierigkeiten, die Kosten zu tragen.

Aber die Liebe zum Fußball und die Unterstützung seiner Familie hielten Leo's Träume am Leben. Sie suchten nach Möglichkeiten, ihm die benötigte Behandlung zu ermöglichen. Es war eine Zeit voller Unsicherheit und Angst. Während andere Kinder draußen spielten, verbrachte Leo viele Stunden in Krankenhäusern und Arztpraxen.

Das Schicksal hatte jedoch einen Silberstreifen für Leo. Der spanische Fußballverein FC Barcelona wurde auf das junge Talent aufmerksam. Sie sahen sein unglaubliches Potential und boten an, seine medizinische Behandlung zu finanzieren, wenn er zu ihrem Jugendsystem wechseln würde. Es war eine schwierige Entscheidung für die Messi-Familie. Dies würde bedeuten, dass sie Argentinien verlassen und in ein fremdes Land ziehen müssten. Aber für Leo's Traum waren sie bereit, alles zu tun.

In Spanien angekommen, war Leo anfangs einsam und vermisste sein Zuhause. Eine neue Sprache, eine neue Kultur und der Druck, in einem der größten Fußballvereine der Welt zu spielen, lasteten schwer auf seinen Schultern. Aber wie bei allen anderen Herausforderungen in seinem Leben, setzte Leo seine Entschlossenheit und seinen Glauben an sich selbst ein, um sich durchzusetzen.

Er trainierte hart, passte sich schnell an und zeigte bald allen, was er konnte. Trotz seiner Herausforderungen und Rückschläge ließ er nie zu, dass etwas seinen Traum stoppte.

Leo's Geschichte während dieser Jahre lehrt uns eine wichtige Lektion: Es ist nicht immer leicht, seine Träume zu verfolgen, und oft gibt es viele Hindernisse auf dem Weg. Aber mit Leidenschaft, Unterstützung von geliebten Menschen und einem unerschütterlichen Glauben an sich selbst kann man jede Herausforderung überwinden und seine Träume verwirklichen.

Karriere

Das Jugendzentrum von FC Barcelona, La Masia, ist bekannt dafür, einige der besten Fußballtalente der Welt auszubilden. Und in diesen Hallen voller begabter junger Spieler stach Lionel Messi schon früh heraus.

Es war nicht nur sein atemberaubendes Ballgefühl oder seine blitzschnellen Bewegungen, die die Trainer beeindruckten. Es war seine unglaubliche Entschlossenheit und sein Wille, immer besser zu werden. Trotz seiner körperlichen Herausforderungen übertraf Messi die Erwartungen bei jedem Training und jedem Spiel.

Sein Debüt für die erste Mannschaft von Barcelona gab er mit nur 17 Jahren und zeigte dabei eine Reife und Klasse, die man bei einem Spieler seines Alters selten sieht. Aber dies war nur der Anfang. In den kommenden Jahren würde Messi Barcelona zu zahlreichen Titeln führen, darunter mehrere La Liga-Meisterschaften und UEFA Champions League-Titel.

Mit jeder Saison, die verging, setzte Messi neue Rekorde und wurde rasch zu einem der besten Spieler, die der Sport je gesehen hat. Er überzeugte nicht nur mit seinen Toren und Assists, sondern auch mit seiner Teamarbeit und seinem unermüdlichen Einsatz auf dem Feld.

Die Fans liebten ihn für seine bescheidenen Manieren und seine magischen Momente im Spiel. Egal ob er durch mehrere Verteidiger dribbelte, um ein Tor zu erzielen, oder einen perfekten Pass spielte, um einen Teamkollegen in Szene zu setzen, Messi sorgte stets für Begeisterung.

Doch trotz all des Ruhms und der Auszeichnungen blieb Messi stets bescheiden.

Er erkannte den Wert von Teamarbeit und wusste, dass jeder Erfolg das Ergebnis harter Arbeit, sowohl von ihm als auch von seinen Teamkollegen, war.

Während seiner Zeit bei Barcelona wurde Messi nicht nur zum Kapitän und Symbol des Clubs, sondern auch zum Herzstück der argentinischen Nationalmannschaft. Dort trug er dazu bei, sein Land zu vielen Erfolgen zu führen, einschließlich des langersehnten Gewinns der Copa América im Jahr 2021.

Aber wie jede Karriere gab es auch Höhen und Tiefen. Es gab Zeiten, in denen er von Verletzungen geplagt wurde oder das Team nicht die erwarteten Ergebnisse erzielte. Doch Messi gab nie auf. Er nutzte solche Momente als Motivation, um zurückzukommen und stärker als je zuvor zu sein.

Lionel Messi's Karriere ist ein Beispiel dafür, was man mit Talent, harter Arbeit und einer nie enden wollenden Leidenschaft für das, was man liebt, erreichen kann. Ein Junge aus Rosario, der trotz aller Widrigkeiten zu einem der größten Fußballer aller Zeiten wurde. Es ist eine Geschichte, die uns lehrt, dass, egal wie viele Herausforderungen uns das Leben stellt, mit Entschlossenheit und Glauben alles möglich ist.

Lebensphilosophie und Werte

Es ist eine Sache, auf dem Feld talentiert zu sein, aber eine ganz andere, ein Vorbild außerhalb des Stadions zu sein. Lionel Messi, obwohl er auf dem Spielfeld ein Titan ist, hat stets bewiesen, dass er auch abseits des Rasens ein Champion ist.

In einem kleinen Café in Barcelona sitzt Lionel nach einem anstrengenden Trainingstag. Er lacht und scherzt mit Freunden, und trotz seines Ruhms und Erfolgs bleibt er bescheiden und bodenständig. Er hat niemals vergessen, wo er herkommt, und die Werte, die ihm seine Familie beigebracht hat.

Ein kleiner Junge tritt schüchtern an seinen Tisch. "Entschuldigung, Herr

Messi", sagt er mit zitternder Stimme, "darf ich ein Autogramm haben?" Messi lächelt, nimmt den Stift und signiert das Trikot des Jungen. Er fragt ihn nach seinem Namen, spricht einige Minuten mit ihm und ermutigt ihn, seinen Träumen zu folgen, egal wie groß sie sein mögen. Dieser einfache Akt der Freundlichkeit zeigt, was für ein Mensch Messi wirklich ist.

Für Lionel Messi sind Respekt, Hingabe und Liebe zum Spiel grundlegende Werte. Er glaubt fest daran, dass man, egal wie erfolgreich man ist, immer bescheiden bleiben und seine Wurzeln respektieren sollte. Er erinnert sich stets an die Zeiten, in denen er in den Straßen von Rosario Fußball spielte, und diese Erinnerungen halten ihn auf dem Boden.

Aber es ist nicht nur diese Bescheidenheit, die Messi auszeichnet. Er glaubt fest daran, der Gemeinschaft etwas zurückzugeben. Er gründete die Leo Messi Foundation, die benachteiligten Kindern hilft, Zugang zu Bildung und Gesundheitsversorgung zu erhalten. Für Messi ist es eine Herzensangelegenheit, Kindern zu helfen, ihre Träume zu verwirklichen, genau wie er es getan hat.

Messi weiß, dass Erfolg nicht nur darin besteht, Tore zu schießen oder Spiele zu gewinnen. Es geht darum, sich für die Gemeinschaft einzusetzen, junge Menschen zu inspirieren und immer sein Bestes zu geben, sowohl auf als auch außerhalb des Feldes.

Seine Philosophie ist einfach: Bleib dir selbst treu, arbeite hart und gib niemals auf, egal wie groß die Herausforderungen sind. Und vor allem: Behandle andere so, wie du selbst behandelt werden möchtest.

In einer Welt, in der viele Stars den Boden unter den Füßen verlieren, bleibt Messi ein leuchtendes Beispiel für Integrität, Respekt und Hingabe. Ein wahrer Champion im Herzen, dessen Werte und Lebensphilosophie uns alle inspirieren können.

Zusammenfassung

Die Geschichte von Lionel Messi ist mehr als nur ein Märchen über Fußball und Ruhm. Sie ist eine Lektion in Entschlossenheit, Hingabe und vor allem Bescheidenheit. Junge Leser können aus seiner Geschichte lernen, dass der Weg zum Erfolg oft mit Hürden und Herausforderungen gepflastert ist. Aber mit Ausdauer und einem klaren Ziel vor Augen kann man diese Hürden überwinden.

Messis Geschichte erinnert uns auch daran, dass es wichtig ist, trotz aller Erfolge und Errungenschaften bodenständig zu bleiben. Er zeigt, dass man nicht vergessen sollte, wo man herkommt, und dass es immer wichtig ist, der Gemeinschaft etwas zurückzugeben. Dies ist eine wichtige Lektion in einer Welt, in der Erfolg oft an materiellem Reichtum und Berühmtheit gemessen wird. Junge Leser können daraus lernen, dass wahrer Erfolg darin liegt, einen positiven Einfluss auf die Welt um sich herum zu haben.

Schließlich ist Messi ein Vorbild dafür, wie man mit Hingabe und Leidenschaft seiner Passion folgt. Junge Leser können inspiriert werden, ihre eigenen Träume zu verfolgen, egal wie unerreichbar sie erscheinen mögen. Und vielleicht am wichtigsten: Sie können lernen, dass es nicht nur darauf ankommt, was man erreicht, sondern auch darauf, wie man es erreicht.

Insgesamt ist die Geschichte von Messi eine Erinnerung daran, dass wahre Größe nicht nur in Talent und Fähigkeiten liegt, sondern auch in Charakter und Integrität. Es ist eine Geschichte, die uns alle inspirieren kann, unsere eigenen Pfade zu beschreiten und dabei stets unsere wahren Werte und Prinzipien hochzuhalten.

7

Cristiano Ronaldo

(Portugal)

"Dein Liebesbrief sollte Talent sein, aber du wirst nur mit Training und Opfer großartig."

Kindheit

Es war einmal ein kleiner Junge namens Cristiano Ronaldo, der auf einer wunderschönen Insel namens Madeira in Portugal lebte. Madeira ist bekannt für seine atemberaubenden Berge, tiefblauen Ozeane und duftenden Blumen, aber für den jungen Cristiano war es der Ort, an dem er seine ersten Fußballträume träumte.

Cristiano wurde in eine bescheidene Familie hineingeboren. Sie hatten nicht viel, aber sie hatten einander. Sein Vater arbeitete als Gärtner und seine Mutter als Köchin. Sie lebten in einem kleinen Haus in der Nähe des Meeres. Cristiano hatte noch zwei Schwestern und einen Bruder, und sie verbrachten viel Zeit zusammen, spielten und lachten.

Aber es gab etwas, das Cristiano mehr liebte als alles andere: Fußball. Schon als sehr kleiner Junge konnte man ihn oft auf den Straßen von Madeira sehen, wie er mit seinen Freunden Fußball spielte. Sie benutzten zerknüllte Papiertüten oder alte Socken als Bälle und machten aus Steinen oder Jacken ihre Tore.

Die Leidenschaft des jungen Cristiano für den Fußball war unübersehbar. Wann immer er eine freie Minute hatte, kribbelte es in seinen Füßen, und er wollte nur spielen, spielen und nochmals spielen. Er hatte ein natürliches Talent und eine unglaubliche Energie. Seine Mutter erzählte oft die Geschichte, wie er als kleiner Junge immer mit einem Ball schlief, als wäre es sein wertvollster Schatz.

Doch das Leben war nicht immer einfach. Cristiano's Familie hatte Schwierigkeiten, die Enden zu verknüpfen, und es gab Zeiten, in denen es schwer war, genug Essen auf den Tisch zu bringen. Aber trotz aller Herausforderungen hatte Cristiano einen Traum. Er träumte davon, eines Tages für die besten Fußballclubs der Welt zu spielen und die Herzen von Millionen von Fans auf der ganzen Welt zu gewinnen.

Sein Talent blieb nicht unbemerkt. Schon in jungen Jahren trat er einem lokalen Fußballverein bei, und obwohl er der Jüngste auf dem Feld war, war er oft der Hellste. Seine Trainer waren beeindruckt von seiner Geschwindigkeit, seiner Technik und seiner unermüdlichen Arbeitsmoral.

Aber was Cristiano wirklich auszeichnete, war sein unerschütterlicher Glaube an sich selbst. Selbst als andere ihm sagten, er sei zu klein oder zu schwach, um ein großer Fußballer zu werden, ließ er sich nicht entmutigen. Er arbeitete härter, trainierte länger und gab niemals auf.

Und so, mit einer Kombination aus Talent, harter Arbeit und einem unzerbrechlichen Willen, begann die außergewöhnliche Reise eines kleinen Jungen aus Madeira, der davon träumte, einer der größten Fußballer der Welt zu werden. Aber das, liebe Leser, ist eine Geschichte für ein anderes Kapitel...

Herausforderungen

Die Sonne ging über Madeira unter, und während die meisten Kinder nach Hause gingen, um zu Abend zu essen oder ihre Hausaufgaben zu machen, blieb Cristiano noch auf dem Feld. Er übte Freistöße, Dribblings und Schüsse, bis es zu dunkel war, um den Ball zu sehen. Aber selbst in diesen Momenten, wenn der Ball im Dunkeln verschwand, fühlte er ihn. Fußball war ein Teil von ihm.

Aber Talent allein genügt nicht immer. Cristiano wusste das. Seine Familie hatte nicht viel Geld, und das bedeutete, dass er nicht immer die neuesten Fußballschuhe oder die beste Ausrüstung hatte. Manchmal wurde er von den anderen Kindern verspottet, weil seine Schuhe alt und abgenutzt waren. Aber anstatt aufzugeben, nutzte Cristiano diese Herausforderungen als Motivation. Er glaubte fest daran, dass es nicht die Schuhe waren, die einen guten Fußballer ausmachten, sondern das Herz und die Entschlossenheit.

Eines Tages erhielt er eine Einladung zu einem Probetraining bei Sporting Lissabon, einem der größten Fußballvereine in Portugal. Das war seine Chance! Aber das bedeutete auch, dass er seine Familie und sein Zuhause in Madeira verlassen und auf das portugiesische Festland ziehen müsste, weit weg von allem, was ihm vertraut war. Cristiano war erst zwölf Jahre alt und das Leben in der Akademie war nicht einfach. Er vermisste seine Familie schmerzlich und fühlte sich oft einsam und isoliert.

Doch die größte Herausforderung stand ihm noch bevor. Während eines Trainings bemerkten die Trainer, dass etwas nicht stimmte. Cristiano hatte Herzprobleme. Die Nachricht war ein Schock für den jungen Fußballer. Er hatte Angst, dass sein Traum, Fußballprofi zu werden, zerplatzen könnte, noch bevor er richtig begonnen hatte.

Aber Cristiano war nicht der Typ, der so leicht aufgab. Mit der Unterstützung seiner Familie und der Ärzte unterzog er sich einer Operation, um das Problem zu beheben. Es war eine riskante Entscheidung, aber sie zahlte sich aus. Nur wenige Tage nach der Operation war Cristiano wieder auf dem Fußballfeld, entschlossen, seinen Traum zu verwirklichen.

Die Herausforderungen machten Cristiano nur stärker. Jedes Mal, wenn er stürzte, stand er wieder auf. Jedes Mal, wenn er versagte, versuchte er es erneut. Er glaubte fest daran, dass wahre Größe nicht darin besteht, niemals zu fallen, sondern immer wieder aufzustehen.

Und so, mit jedem Dribbling, jedem Schuss und jedem Tor, zeigte Cristiano der Welt, dass wahre Champions nicht durch ihre Siege definiert werden, sondern durch die Art und Weise, wie sie mit ihren Herausforderungen umgehen. Und das war nur der Anfang seiner erstaunlichen Reise...

Karriere

Das Flutlicht erhellte das riesige Stadion von Sporting Lissabon, und die Fans jubelten lautstark. Es war ein wichtiger Tag für den Verein, und inmitten all dieses Rummels stand ein junger, selbstbewusster Cristiano Ronaldo, bereit, die Welt zu zeigen, was er konnte.

Sein Debüt für Sporting war beeindruckend. Mit seiner außergewöhnlichen Geschwindigkeit, seinen präzisen Schüssen und seinem unermüdlichen Einsatz auf dem Feld wurde Cristiano schnell zu einem Liebling der Fans. Die großen Clubs aus ganz Europa wurden auf den jungen Portugiesen aufmerksam, und bald kamen Angebote von den besten Fußballvereinen.

Aber es war Manchester United, eines der prestigeträchtigsten Teams der Welt, das schließlich sein Herz gewann. Unter der Leitung des legendären Trainers Sir Alex Ferguson begann Cristiano seine Reise in der englischen Premier League. Es war nicht immer einfach. Die englische Liga war bekannt für ihren physischen Stil, und Cristiano, mit seinem schlanken Körper und seinen technischen Fähigkeiten, wurde oft ins Visier genommen. Doch er ließ sich nicht unterkriegen. Mit harter Arbeit, Entschlossenheit und einem unerschütterlichen Glauben an sich selbst wurde er zu einem der besten Spieler der Welt.

In Manchester United gewann er zahlreiche Titel, darunter dreimal die Premier League und einmal die UEFA Champions League. Aber Cristiano hatte größere Ambitionen. Er träumte davon, in der spanischen La Liga zu spielen, und bald zog es ihn zum Real Madrid, dem königlichen Club Spaniens.

In Madrid erreichte seine Karriere neue Höhen. Er wurde zum Torschützenkönig, brach zahlreiche Rekorde und führte das Team zu vier Champions-League-Titeln. Aber mehr als die Trophäen war es seine Leidenschaft, sein Engagement und sein Wunsch, immer der Beste zu sein, der ihn von anderen unterschied.

Später in seiner Karriere kehrte er zu Manchester United zurück

und spielte auch für Juventus in Italien, wo er weiterhin beeindruckte und Trophäen gewann.

Trotz all seiner Erfolge blieb Cristiano demütig. Er wusste, dass hinter jedem seiner Tore und jedem seiner Erfolge harte Arbeit, Opfer und eine unerschütterliche Entschlossenheit steckten. Seine Reise von Madeira, über Lissabon, Manchester, Madrid und Turin war ein Beweis für seine Hingabe, seinen Glauben und seine Liebe zum Fußball.

Und während seine Fußstapfen auf den Spielfeldern Europas immer tiefer wurden, inspirierte er Millionen von jungen Fußballern auf der ganzen Welt, an sich selbst zu glauben, hart zu arbeiten und niemals aufzugeben, egal wie groß die Herausforderungen auch sein mögen.

Lebensphilosophie und Werte

Neben seinen erstaunlichen Fähigkeiten auf dem Fußballfeld war Cristiano Ronaldo immer für seine Großzügigkeit und sein großes Herz bekannt. Er wuchs in bescheidenen Verhältnissen auf und wusste, wie es ist, wenig zu haben. Dieses Wissen formte seine Perspektive und Werte im Leben.

„Glaube an dich selbst, arbeite hart und niemals aufgeben“ - dies war Cristianos Mantra. Er glaubte daran, dass Talent allein nicht ausreicht, um erfolgreich zu sein. Harte Arbeit, Entschlossenheit und der Glaube an sich selbst sind der Schlüssel. Cristiano wusste, dass die Höhen und Tiefen des Lebens Lektionen sind, die uns stärker und weiser machen.

Aber noch mehr als das betonte er immer wieder die Bedeutung von Familie und Gemeinschaft. Für Cristiano war seine Familie sein Fels in der Brandung. Sie waren diejenigen, die ihn in den schwierigsten Zeiten unterstützten und ihm halfen, an sich selbst zu glauben. Er erinnerte sich oft daran, wie seine Mutter und sein Vater Opfer brachten, um sicherzustellen, dass er die besten Möglichkeiten hatte. Diese Erinnerungen formten seinen Charakter und machten ihn zu dem Menschen, der er heute ist.

Cristiano ist auch bekannt für seine Großzügigkeit abseits des Feldes. Er spendete Millionen für Krankenhäuser, Schulen und Wohltätigkeitsorganisationen. Er half bei der Finanzierung von medizinischen Behandlungen für kranke Kinder und unterstützte Projekte, die darauf abzielten, Bildung und Sport in benachteiligten Gemeinschaften zu fördern. Seine Großzügigkeit kannte keine Grenzen, und er glaubte fest daran, zurückzugeben und anderen zu helfen, wann immer er konnte.

Für Cristiano war der Fußball mehr als nur ein Spiel. Es war eine Plattform, um Positives in der Welt zu bewirken. Er verstand, dass er eine Vorbildfunktion hatte und nutzte seine Berühmtheit, um das Leben der Menschen um ihn herum zu beeinflussen und zu verändern.

Junge Fans auf der ganzen Welt sahen nicht nur zu ihm auf, weil er ein großartiger Fußballer war, sondern auch wegen seines Charakters und seiner Werte. Er lehrte sie die Bedeutung von harter Arbeit, Entschlossenheit, Familie und Gemeinschaft. Er zeigte ihnen, dass wahre Größe nicht nur darin besteht, wie viele Tore man schießt oder wie viele Trophäen man gewinnt, sondern auch darin, wie man sein Leben lebt und wie man andere behandelt.

In einer Welt, in der viele Stars vergessen, woher sie kommen, blieb Cristiano Ronaldo demütig und dankbar für alles, was er hatte. Seine Lebensphilosophie und seine Werte sind eine Inspiration für uns alle.

Zusammenfassung

Cristiano Ronaldos Geschichte ist nicht nur ein Zeugnis seiner fußballerischen Brillanz, sondern auch ein Leuchtfeuer für Entschlossenheit, harte Arbeit und Großzügigkeit. Junge Leser können von seiner Geschichte lernen, dass der Weg zum Erfolg oft mit Herausforderungen gepflastert ist, aber mit Ausdauer und Glauben an sich selbst kann man diese Hindernisse überwinden.

Sein Engagement und seine Leidenschaft für das Spiel lehren uns, dass Talent allein nicht ausreicht. Harte

Arbeit und das ständige Streben nach Verbesserung sind genauso wichtig. Cristiano hat bewiesen, dass Rückschläge und Misserfolge nicht das Ende bedeuten, sondern nur Gelegenheiten sind, sich wieder aufzurichten, aus Fehlern zu lernen und stärker zurückzukommen.

Abseits des Feldes zeigt Ronaldos Großzügigkeit, dass wahrer Erfolg nicht nur darin besteht, wie viel man für sich selbst erreicht, sondern auch darin, wie viel man für andere tun kann. Seine Hilfsbereitschaft und sein Wunsch, der Gemeinschaft etwas zurückzugeben, sind ein inspirierendes Beispiel dafür, dass es mehr im Leben gibt als nur persönlichen Ruhm und Reichtum.

Für junge Leser, die nach einem Vorbild suchen, zeigt Cristiano Ronaldo, dass man sowohl auf dem Spielfeld als auch im Leben erfolgreich sein kann, indem man seine Werte hochhält, anderen hilft und niemals aufhört, an sich selbst und seine Träume zu glauben. Seine Geschichte erinnert uns daran, dass wir alle das Potenzial haben, Großes zu erreichen, wenn wir mit Leidenschaft, Entschlossenheit und einem Sinn für die Gemeinschaft an unsere Ziele arbeiten.

Kylian Mbappé

(Frankreich)

"Man braucht Selbstvertrauen, aber zu viel Selbstvertrauen kann auch schaden. Man muss immer diese kleine Angst bewahren, die einen dazu bringt, hart zu arbeiten."

Kindheit

Es war einmal in einer belebten Vorstadt von Paris namens Bondy, wo ein kleiner Junge namens Kylian sein Fußballabenteuer begann. Bondy war bunt und lebendig, voller Energie und Lachen, aber auch mit vielen Herausforderungen. Die Straßen von Bondy waren das erste Fußballfeld für Kylian.

Jeder, der Kylian kannte, wusste, dass er einen Fußball liebte. Egal ob Regen, Sonne oder Schnee, er hatte immer einen Ball an seinen Füßen. Wenn er nicht gerade beim Abendessen saß oder seine Hausaufgaben machte, dribbelte er durch die Gassen, jagte dem Ball hinterher und stellte sich vor, er wäre in einem riesigen Stadion mit Tausenden von jubelnden Fans.

Kylians Vater, Wilfried, erkannte das Talent seines Sohnes und seine tiefe Leidenschaft für das Spiel. Er erzählte ihm Geschichten von großen Fußballspielern und ihren epischen Toren. Jeden Abend, vor dem Schlafengehen, flüsterte er Kylian zu: "Eines Tages wirst du einer von ihnen sein, mein Sohn."

Seine Mutter, Fayza, war selbst eine ehemalige Handballspielerin und verstand die Bedeutung von Disziplin und harter Arbeit. Sie ermutigte Kylian, an sich zu glauben, aber auch, niemals die Bedeutung des Lernens und der Bildung zu vergessen.

In Bondy gab es einen kleinen Fußballplatz, umgeben von hohen Gebäuden. Hier trafen sich die Kinder nach der Schule, um zu spielen. Es war auf diesem Platz, wo Kylian seine ersten Fußballfreunde fand und wo sein unglaubliches Talent zum Vorschein kam. Er war schneller als alle anderen, und mit jedem Dribbling und Tor, das er schoss, wuchs sein Traum, eines Tages für die französische Nationalmannschaft zu spielen.

Eines Tages kam ein Mann mit einer Pfeife und einem Notizbuch zum Platz. Es war ein Talentscout, der junge Spieler für professionelle Fußballakademien suchte. Er sah sich das Spiel an und war besonders beeindruckt von einem Jungen – Kylian. Nach dem Spiel ging er zu Kylians Eltern und sagte: "Ihr Sohn hat ein außergewöhnliches Talent. Er könnte es weit bringen, wenn er hart arbeitet und sich weiterentwickelt."

Kylian war überglücklich, aber er wusste, dass dies erst der Anfang war. Er musste trainieren, lernen und wachsen. Mit der Unterstützung seiner Familie begann er seine Reise in die Welt des Profifußballs, immer daran denkend, wie er als kleiner Junge in den Straßen von Bondy spielte.

Und während die Jahre vergingen und Kylian weiter hart arbeitete, wurde der kleine Junge aus Bondy zu einem der größten Fußballstars der Welt. Aber in seinem Herzen war er immer noch der gleiche träumende Junge, der den Ball liebte und an die Magie des Fußballs glaubte.

Und so beginnt die Geschichte von Kylian Mbappé, dem Jungen, der seinen Träumen folgte und die Welt des Fußballs im Sturm eroberte.

Herausforderungen

Nachdem Kylian in den Fußballakademien begonnen hatte, dachte er, der härteste Teil seiner Reise sei vorbei. Aber wie bei jeder großen Geschichte gab es auch für ihn Drachen zu besiegen und Stürme zu überwinden.

Eines der ersten großen Turniere, an dem Kylian teilnahm, war das Finale der Juniorenmeisterschaft. Wochenlang hatte er trainiert, geübt und sich vorbereitet. Als der große Tag kam, war das Stadion gefüllt mit Menschen, und die Atmosphäre war elektrisch. Kylian konnte die Spannung in der Luft spüren. Aber in der ersten Halbzeit lief alles schief. Kylian verpasste Chancen, die er normalerweise leicht gemacht hätte. Sein Team lag 2:0 zurück, und die Enttäuschung war in seinen Augen sichtbar.

In der Halbzeitpause saß er niedergeschlagen in der Kabine. Die Stimmen der Kritiker in seinem Kopf begannen zu sprechen: "Viel-

leicht bist du nicht gut genug. Vielleicht war das alles ein Fehler." Aber dann erinnerte er sich an die Worte seiner Mutter, die ihm immer sagte: "Egal wie schwer es wird, gib niemals auf. Glaube an dich selbst."

Mit neuer Entschlossenheit trat Kylian in der zweiten Halbzeit auf das Spielfeld. Er lief schneller, sprang höher und spielte mit mehr Leidenschaft als je zuvor. Und dann passierte es: In den letzten Minuten des Spiels schoss er zwei Tore und rettete seinem Team ein Unentschieden. Das Stadion jubelte, und Kylian fühlte, als ob er fliegen könnte.

Doch dies war nicht die einzige Herausforderung, der sich Kylian stellen musste. Als er älter wurde und in größere Teams wechselte, musste er sich gegen die besten Spieler der Welt behaupten. Es gab Zeiten, in denen er verletzt war oder wenn er in einem Formtief steckte. Aber mit jeder Herausforderung wuchs auch seine Entschlossenheit.

Eines Tages, während eines besonders schwierigen Spiels, rutschte Kylian auf dem nassen Rasen aus und verletzte sich am Knöchel. Die Ärzte sagten ihm, dass er mehrere Wochen pausieren müsse. Die Nachricht war ein Schock für ihn. Aber anstatt sich von der Verletzung entmutigen zu lassen, nutzte Kylian die Zeit, um mental stärker zu werden. Er beobachtete Spiele, analysierte seine Gegner und lernte von seinen Fehlern.

Als er schließlich wieder fit war, kehrte er stärker und entschlossener zurück. Er erzielte Tor um Tor und führte sein Team zu vielen Siegen. Die Fans liebten ihn und sangen seinen Namen von den Tribünen. Und obwohl es immer wieder neue Herausforderungen gab, wusste Kylian, dass er sie mit Mut, Entschlossenheit und der Unterstützung seiner Familie überwinden konnte.

Und so zeigt uns die Geschichte von Kylian Mbappé, dass wahre Champions nicht diejenigen sind, die nie fallen, sondern diejenigen, die immer wieder aufstehen.

Karriere

Paris war schon immer ein Ort der Träume, und für Kylian wurde es zur Bühne seiner größten Fußballmomente. Nachdem Kylian die Fußballakademien hinter sich gelassen hatte und von großen Vereinen bemerkt wurde, unterzeichnete er einen Vertrag bei einem der berühmtesten Fußballvereine der Welt: Paris Saint-Germain, kurz PSG. Die Stadt war begeistert! Ein junger Spieler aus ihrer eigenen Nachbarschaft war nun bereit, im glänzenden Parc des Princes Stadion aufzulaufen.

Sein erstes Spiel für PSG war wie ein Märchen. Tausende von Fans kamen, um den jungen Star zu sehen. Als er auf das Spielfeld trat, schlug sein Herz schnell, und die Scheinwerfer des Stadions leuchteten so hell wie die Sterne. Aber Kylian war bereit. Er erinnerte sich an die Straßen von Bondy, an die Worte seiner Eltern und an all die Herausforderungen, die er überwunden hatte.

Und dann, in der 78. Minute, passierte es. Nach einem perfekten Pass von einem Teamkollegen fand Kylian sich alleine vor dem Torwart wieder. Mit einem eleganten Dribbling und einem kraftvollen Schuss netzte er den Ball ins Tor. Das Stadion explodierte in Jubel, und Kylian konnte sein Glück kaum fassen. Es war sein erstes Tor für PSG, aber sicherlich nicht sein letztes.

Mit jedem Spiel, das verging, wurde Kylians Ruf größer. Er spielte gegen einige der besten Teams in Europa und stand sogar neben seinen Kindheitsidolen auf dem Spielfeld. Aber was ihn wirklich besonders machte, war nicht nur sein Talent, sondern auch sein Charakter. Er spielte mit einem Lächeln auf den Lippen, half seinen Teamkollegen und respektierte seine Gegner.

Seine unglaublichen Leistungen bei PSG führten dazu, dass er in die französische Nationalmannschaft berufen wurde. Und in einer magischen Sommernacht in Russland half er Frankreich, die Fußballweltmeisterschaft zu gewinnen. Als die französische Nationalhymne spielte und die goldene Trophäe in den Himmel gehoben wurde, wusste Kylian,

dass all die harte Arbeit, die Opfer und die Tränen es wert gewesen waren.

Die Geschichte von Kylian Mbappé ist nicht nur die eines Fußballers, sondern auch die eines Jungen mit einem Traum. Ein Traum, der in den Straßen von Bondy begann und ihn zu den größten Stadien der Welt führte. Und während sein Stern weiterhin am Fußballhimmel leuchtet, erinnert uns Kylian daran, dass mit Leidenschaft, Entschlossenheit und einem liebevollen Herz alles möglich ist.

Und so setzt Kylian Mbappé sein Abenteuer fort, mit einem Ball an seinen Füßen und einem Traum in seinem Herzen.

Lebensphilosophie und Werte

In der glitzernden Welt des Fußballs, wo viele durch Ruhm und Reichtum geblendet werden, gibt es jemanden, der fest auf dem Boden geblieben ist. Dieser jemand ist Kylian Mbappé. Mehr als seine erstaunlichen Tore oder seine schnellen Läufe war es seine Lebensphilosophie und seine Werte, die ihn zu einem echten Champion machten.

In einem kleinen Apartment in Bondy, umgeben von den Erinnerungen seiner Kindheit, saß Kylian oft mit seiner Familie zusammen und hörte Geschichten. Geschichten über harte Zeiten, über das Teilen, auch wenn man wenig hat, und über die Bedeutung von Respekt und Liebe. Diese Geschichten formten die Werte, die Kylian sein ganzes Leben lang begleiteten.

Dankbarkeit: Kylian wusste, dass jeder Moment, in dem er auf dem Spielfeld stand, ein Geschenk war. Er erinnerte sich an die Tage, an denen er keinen Fußball hatte und mit zusammengerollten Socken spielte. Diese Erinnerungen lehrten ihn, dankbar für das zu sein, was er hat, und nie zu vergessen, woher er kommt.

Familie: Für Kylian war die Familie sein Anker. Sie waren seine größten Fans und zugleich seine ehrlichsten Kritiker. Von ihnen lernte er, dass echter

Erfolg bedeutet, die Menschen, die man liebt, an seiner Seite zu haben.

Hingabe: Auf dem Spielfeld gab Kylian immer 100%. Aber nicht nur dort. Er glaubte daran, in allem, was er tat, sein Bestes zu geben, ob beim Training, beim Lernen oder beim Helfen in seiner Gemeinschaft.

Bescheidenheit: Trotz all des Ruhms und der Aufmerksamkeit blieb Kylian bescheiden. Er wusste, dass Talente von alleine nicht ausreichen. Er erkannte die Rolle, die seine Trainer, Teamkollegen und vor allem seine Familie in seinem Erfolg spielten.

Großzügigkeit: Kylian war sich der Verantwortung bewusst, die sein Talent und sein Ruhm mit sich brachten. Er spendete Geld an Wohltätigkeitsorganisationen, half jungen Spielern in Bondy und zeigte immer wieder, dass wahre Größe darin besteht, anderen zu helfen.

Eines Tages, nach einem großen Sieg, saß Kylian in der Umkleidekabine und sah sich ein altes Foto von sich als kleinem Jungen an. Es zeigte ihn auf den Straßen von Bondy, mit einem großen Lächeln und einem Fußball unter dem Arm. Er dachte an all die Höhen und Tiefen, die er durchgemacht hatte, und an die Werte, die ihm geholfen hatten, seinen Weg zu gehen.

Er stand auf, ging zu einem jungen Spieler, der gerade erst ins Team gekommen war, und gab ihm das Foto. "Denke immer daran, wer du bist und woher du kommst", sagte er. "Und vergiss nie die Werte, die dich hierher gebracht haben."

In einer Welt voller Sterne leuchtete Kylian Mbappé am hellsten. Nicht nur wegen seiner Fußballfähigkeiten, sondern wegen seines Herzens, seiner Integrität und seiner Lebensphilosophie.

Und so, während der Applaus und die Rufe von "Mbappé! Mbappé!" in den Stadien der Welt hallen, erinnert uns Kylian daran, dass es nicht die Trophäen oder die Medaillen sind, die zählen, sondern die Art und Weise, wie wir unser Leben führen und die Werte, die wir hochhalten.

Zusammenfassung

Kylian Mbappés Geschichte ist weit mehr als die einer sportlichen Sensation. Sie ist eine Lektion in Demut, Hingabe und der Bedeutung von Werten in einem Leben voller Veränderungen und Herausforderungen. Jeder junge Leser kann durch seine Erzählung lernen, dass Erfolg nicht nur durch Talent definiert wird, sondern auch durch den Charakter.

Er zeigt uns, dass unsere Wurzeln und unsere Familie, egal wie bescheiden sie auch sein mögen, die Grundlage für alles sind, was wir im Leben erreichen können. Mbappé erinnert uns daran, dass wir, auch wenn wir große Träume haben, niemals vergessen sollten, wo wir herkommen und wer uns auf unserem Weg geholfen hat. Seine tiefe Dankbarkeit und sein Respekt gegenüber denen, die ihm geholfen haben, sind eine wichtige Botschaft für alle jungen Menschen, die davon träumen, in ihrem Leben Großes zu erreichen.

Des Weiteren lehrt uns seine Geschichte, dass wir, egal wie viele Hindernisse oder Kritiken wir auf unserem Weg begegnen, immer an uns selbst und unsere Fähigkeiten glauben sollten. Kylian hat gezeigt, dass mit harter Arbeit, Hingabe und der richtigen Einstellung Träume Wirklichkeit werden können.

Für junge Leser bietet Mbappés Reise auch die Chance, über ihre eigenen Werte und Prioritäten nachzudenken. In einer Zeit, in der so viele äußere Einflüsse auf sie einwirken, kann Kylians Geschichte ihnen helfen, ihre eigene innere Stimme zu finden und zu entscheiden, welche Art von Menschen sie sein möchten.

Abschließend kann die Geschichte von Kylian Mbappé junge Menschen dazu inspirieren, ihre eigenen Träume zu verfolgen, ihre eigenen Werte zu definieren und zu erkennen, dass wahre Größe nicht nur in den Errungenschaften liegt, die man erzielt, sondern auch in der Art und Weise, wie man sein Leben lebt und andere behandelt. Es ist eine Erinnerung daran, dass wir, unabhängig von unserem Alter oder unserer Herkunft, alle die Kraft haben, die Welt auf unsere eigene besondere Weise zu beeinflussen.

Ronaldinho

(Brasilien)

"Fußball ist nicht nur ein Spiel, es ist eine Kunst. Und um Kunst zu schaffen, musst du spielen mit Freude, Leidenschaft und Liebe."

Kindheit

In der lebhaften Stadt Porto Alegre in Brasilien, wo Musik, Tanz und Fußball das Leben bestimmen, wuchs ein Junge mit einem bezaubernden Lächeln und einer unvergleichlichen Leidenschaft für das Spiel auf. Sein Name? Ronaldo de Assis Moreira, doch die Welt würde ihn später als Ronaldinho kennen.

Ronaldinhos Liebe zum Fußball begann im zarten Alter von zwei Jahren. Statt mit normalen Kinderspielzeugen zu spielen, hatte er nur Augen für einen Ball. Sein Zuhause war ein bescheidener Ort, aber es war gefüllt mit Lachen, Musik und dem ständigen Geräusch eines Fußballs, der gegen die Wände stieß.

Sein älterer Bruder, Roberto, war ebenfalls ein talentierter Fußballer und Ronaldinhos erstes großes Vorbild. Die beiden Brüder verbrachten Stunden damit, im Hinterhof zu kicken, wobei Ronaldinho oft versuchte, die Tricks seines Bruders nachzuahmen. Dabei entwickelte er einen unverwechselbaren Stil: Ein Mix aus flinken Fußbewegungen, kreativen Dribblings und der Fähigkeit, den Ball scheinbar wie von Zauberhand zu kontrollieren.

Aber es waren nicht nur seine fußballerischen Fähigkeiten, die Ronaldinho auszeichneten. Es war sein goldenes Lächeln, das immer auf seinen Lippen lag, egal ob er ein Tor schoss oder einen Fehler machte. Dieses Lächeln zeigte seine reine Liebe zum Spiel und seine Überzeugung, dass Fußball vor allem Spaß machen sollte.

Die Geschichten von Ronaldinhos Talent verbreiteten sich schnell in Porto Alegre. Selbst als kleiner Junge zog er mit seinen Kunststücken die Aufmerksamkeit der Zuschauer auf sich. Er spielte nicht nur Fußball; er tanzte mit dem Ball, und der Ball tanzte mit ihm. Es war, als wären sie ein und dieselbe Person.

Obwohl seine Familie nicht viel Geld hatte, taten seine Eltern alles, um ihn und seinen Bruder zu unterstützen. Sie wussten, dass beide Jungen ein besonderes Talent hatten, das gefördert werden musste.

In diesem inspirierenden Umfeld wuchs Ronaldinho auf und verfolgte seinen Traum, trotz aller Widrigkeiten. Er lernte, dass Talent zwar wichtig ist, aber harte Arbeit, Hingabe und vor allem Freude am Spiel der wahre Schlüssel zum Erfolg sind. Und während er weiterwuchs, wusste er, dass er eines Tages die Welt mit seinem Talent, seinem Charisma und seinem unvergesslichen Lächeln verzaubern würde.

Herausforderungen

Obwohl Ronaldinho für sein strahlendes Lächeln und seine erstaunliche Ballkontrolle bekannt war, gab es auf seinem Weg zur Spitze des Fußball-Olymps auch viele Herausforderungen und Hürden zu überwinden.

Als junger Spieler in Porto Alegre stand Ronaldinho oft im Schatten seines älteren Bruders Roberto, der ebenfalls ein begabter Fußballer war. Manchmal fragte er sich, ob er jemals aus diesem Schatten heraustreten und seinen eigenen Weg finden könnte.

Die finanzielle Situation seiner Familie war eine weitere Herausforderung. Sie hatten nicht viel Geld, und oft war es schwierig, die notwendige Ausrüstung und Trainingseinrichtungen zu finden. Aber anstatt sich entmutigen zu lassen, nutzte Ronaldinho diese Situation, um kreativ zu werden. Er spielte oft mit improvisierten Bällen aus alten Socken oder Lumpen und nutzte jeden freien Raum, den er fand, als Fußballfeld.

Aber die größte Herausforderung kam, als Ronaldinho seine Heimat Brasilien verließ, um in Europa Fußball zu spielen. Bei Paris Saint-Germain in Frankreich musste er sich einer völlig neuen Kultur, Sprache und Spielweise anpassen. Es war nicht leicht, so weit weg von seiner Familie

und seinen Freunden zu sein. Die Erwartungen waren hoch, und nicht jeder glaubte, dass der Junge mit dem großen Lächeln dem Druck standhalten könnte.

In diesen schwierigen Zeiten erinnerte sich Ronaldinho an die Worte seiner Mutter: "Wo immer du hingehst, trage dein Lächeln mit dir. Es wird dir in guten und schlechten Zeiten helfen." Und so tat er genau das. Trotz der Herausforderungen auf und neben dem Feld, trotz der Kritiker und Zweifler, lächelte Ronaldinho weiter und spielte mit der gleichen Leidenschaft und Freude, die ihn zu einem der größten Fußballer seiner Generation gemacht hat.

Er lernte, dass wahre Größe nicht darin besteht, niemals zu fallen, sondern immer wieder aufzustehen, egal wie oft man hinfällt. Jede Herausforderung, jedem Zweifel begegnete er mit Entschlossenheit und einem Lächeln. Und dadurch wurde er nicht nur zu einem großartigen Fußballer, sondern auch zu einem Vorbild für alle, die ihren Träumen folgen, egal welche Hindernisse sich ihnen in den Weg stellen.

Karriere

Mit dem Sonnenaufgang in Europa begann für Ronaldinho ein neues Kapitel. Seine Reise vom kleinen Jungen aus Porto Alegre, der barfuß auf den Straßen spielte, führte ihn zu den glitzernden Stadien von Paris, Barcelona und Mailand.

Ronaldinhos Reise begann im Pariser Club Paris Saint-Germain. Aber es war in Barcelona, wo er wahrlich zur Legende wurde. Als er zum ersten Mal das berühmte Camp Nou-Stadion betrat, fühlten die Fans sofort, dass sie etwas Besonderes erleben würden. Mit seiner Technik, seinem Charme und seinem ikonischen Lächeln eroberte er die Herzen der Fans im Sturm.

In Barcelona zeigte Ronaldinho der Welt, was er konnte. Mit atemberaubenden Tricks, unerwarteten Pässen und unvergesslichen Toren wurde er zum Herzstück des Teams. Seine Freude am Spiel war ansteckend, und bald wurde das ganze Stadion von dieser Energie ergriffen. Selbst die gegnerischen Fans konnten nicht anders, als ihm zuzujubeln, wenn er mit dem Ball zauberte.

Neben seinen individuellen Fähigkeiten war Ronaldinho auch ein hervorragender Teamspieler. Er half Barcelona, zahlreiche Titel zu gewinnen, darunter die begehrte UEFA Champions League. Aber für Ronaldinho ging es nicht nur um Trophäen und Medaillen. Es ging darum, das Spiel zu genießen und den Fans Freude zu bereiten.

Seine Reise führte ihn auch zu anderen großen Clubs wie AC Mailand, wo er weiterhin seine Magie auf dem Feld zeigte. Trotz seiner Erfolge blieb Ronaldinho immer bescheiden und dankbar für die Gelegenheit, das zu tun, was er liebte.

Seine Karriere war voller Höhepunkte, darunter das Gewinnen des FIFA-Weltfußballer-des-Jahres-Titels und das Tragen der Kapitänsbinde für die brasilianische Nationalmannschaft beim Gewinn der Copa América.

Aber Ronaldinhos wahres Erbe geht über Tore und Trophäen hinaus. Er wird immer als der Spieler in Erinnerung bleiben, der die Welt mit seinem Lächeln, seiner Leidenschaft und seiner reinen Liebe zum Fußball verzauberte. Ein wahrer Botschafter des Spiels, der zeigte, dass Fußball mehr ist als nur ein Sport – es ist eine Kunst, eine Leidenschaft und eine Lebensweise.

Lebensphilosophie und Werte

In der glitzernden Welt des Fußballs, wo der Druck und die Erwartungen oft schwer auf den Schultern der Spieler lasten, gab es einen Mann, der immer ein Lächeln auf den Lippen hatte – Ronaldinho. Dieses Lächeln war nicht nur sein Markenzeichen, sondern auch ein Fenster in seine Seele und seine Lebensphilosophie.

Ronaldinho wuchs in bescheidenen Verhältnissen auf, doch er hatte immer etwas, das wertvoller war als Gold: eine liebende Familie und die Freude am Leben. Seine Mutter lehrte ihn, dass ein Lächeln eine universelle Sprache ist. "Wenn du lächelst", sagte sie, "öffnet sich die Welt für dich." Und das tat Ronaldinho, ob auf dem Fußballfeld, zu Hause oder auf der Straße.

Für Ronaldinho war Fußball mehr als nur ein Spiel. Es war eine Art zu leben, eine Plattform, um Freude und Glück zu verbreiten. Er glaubte fest daran, dass das Leben zu kurz ist, um traurig zu sein. Auch in schwierigen Zeiten, wenn das Spiel nicht so lief, wie er es wollte, oder wenn er Kritik erfuhr, behielt er sein Lächeln bei.

Doch hinter diesem Lächeln verbarg sich auch eine tiefe Weisheit. Ronaldinho verstand, dass im Leben, genau wie im Fußball, nicht alles nach Plan läuft. Es wird Rückschläge geben, es wird Herausforderungen geben, aber was zählt, ist, wie man damit umgeht. Er wusste, dass eine positive Einstellung und Entschlossenheit der Schlüssel zum Erfolg sind.

Aber es war nicht nur sein Lächeln, das Ronaldinho auszeichnete. Er wertschätzte Respekt, Demut und Dankbarkeit. Er behandelte jeden, den er traf, gleich, ob es ein Mitspieler, ein Balljunge oder ein Fan war. Er erinnerte sich immer daran, woher er kam und war dankbar für jede Gelegenheit, die er bekam.

Ronaldinhos Lebensphilosophie war einfach, aber kraftvoll: Lebe jeden Moment, genieße das Leben, sei dankbar und vergiss nie zu lächeln. Dieser Glaube half ihm, auf und neben dem Feld zu glänzen und wurde zu einer Inspiration für alle, die ihn beobachteten.

Er lehrte uns, dass das Leben, genau wie Fußball, ein Spiel ist, das mit Leidenschaft, Freude und einem Lächeln gespielt werden sollte. Und dass wahre Größe nicht darin besteht, wie viele Trophäen man gewinnt, sondern wie man das Leben spielt und welche Werte man vertritt. Ronaldinho, der Magier mit dem Fußball, war in Wahrheit ein Philosoph, der uns lehrte, das Leben in vollen Zügen zu genießen.

Zusammenfassung

Die Geschichte von Ronaldinho ist nicht nur die eines begnadeten Fußballers, sondern auch die eines Menschen mit einer beispielhaften Einstellung zum Leben. Seine Geschichte zeigt, dass es in der Welt mehr gibt als nur Erfolg und Trophäen; es geht darum, wie man das Spiel des Lebens spielt.

Für junge Leser kann Ronaldinhos Geschichte eine Quelle der Inspiration sein. Sie lehrt, dass wahre Freude nicht nur aus Siegen entsteht, sondern aus der Art und Weise, wie man Herausforderungen begegnet. Sein beständiges Lächeln, selbst in schwierigen Zeiten, zeigt, dass eine positive Einstellung eine mächtige Waffe gegen Widrigkeiten sein kann. Es erinnert uns daran, dass wir, egal was passiert, immer die Kontrolle darüber haben, wie wir auf Situationen reagieren.

Seine Demut und sein Respekt gegenüber anderen lehren uns, dass Erfolg nicht dazu führen sollte, andere herabzusehen. Stattdessen sollte er uns demütig machen und uns daran erinnern, woher wir kommen. Es ist eine wichtige Lektion in einer Zeit, in der Arroganz oft mit Stärke verwechselt wird.

Schließlich zeigt uns Ronaldinhos Geschichte, dass das Leben voller Höhen und Tiefen ist, aber was wirklich zählt, ist, wie wir damit umgehen. Es geht nicht nur darum, Tore zu schießen, sondern auch darum, wie man nach einem verpassten Tor zurückkommt.

Für junge Leser, die ihren Weg im Leben suchen, kann Ronaldin-

hos Geschichte ein Leuchtfeuer sein. Es lehrt sie, dass es okay ist, Fehler zu machen, solange man aus ihnen lernt. Dass es wichtiger ist, ein gutes Herz zu haben, als der Beste in allem zu sein. Und dass, egal wie steinig der Weg sein mag, man immer mit einem Lächeln weitergehen sollte.

Pelé

(Brasilien)

"Der Erfolg ist kein Zufall. Es ist harte Arbeit, Ausdauer, Lernen, Studieren, Opfer bringen und vor allem, Liebe zu dem, was man tut oder dabei lernt zu tun."

Kindheit

In der kleinen Stadt Três Corações in Brasilien, wo die Straßen aus Erde und die Fußballfelder aus Sand waren, wuchs ein Junge namens Edson auf, den alle nur "Dico" nannten. Aber die Welt sollte ihn später als "Pelé" kennen.

Dico war nicht wie andere Kinder. Während die meisten Jungs mit richtigen Fußbällen spielten, konnte sich Dicos Familie keinen leisten. Aber das hielt den kleinen Dico nicht auf. Er formte Bälle aus Socken und Zeitungen und spielte stundenlang auf den staubigen Straßen seiner Heimatstadt.

Dico und seine Freunde hatten keinen richtigen Fußballplatz. Sie benutzten Bananenkisten als Tore und spielten barfuß, da sie sich keine Schuhe leisten konnten. Aber das störte sie nicht. Für Dico war Fußball nicht nur ein Spiel; es war Magie.

Er träumte davon, für die brasilianische Nationalmannschaft zu spielen und die ganze Welt mit seinem Talent zu verzaubern. Jedes Mal, wenn er einen Ball in die Hände bekam, schien er zu zaubern. Er konnte den Ball so kontrollieren, dass die Älteren staunten und sagten, dass dieser Junge etwas Besonderes sei.

Eines Tages, als Dico in der Nähe des Flusses spielte, entdeckte ihn ein Mann namens Waldemar de Brito. Waldemar war ein ehemaliger Profifußballer und sah sofort, dass Dico außergewöhnlich war. Er sagte zu Dicos Mutter: "Dieser Junge wird der größte Fußballer der Welt werden." Dico konnte es kaum glauben. Er, der mit zusammengerollten Socken gespielt hatte, sollte der größte Fußballer der Welt werden?

Dico verbrachte Stunden damit, seine Fähigkeiten zu verbessern. Er übte Dribblings, Torschüsse und Freistöße. Er trainierte im Regen, in der Hitze und sogar im Dunkeln. Sein Traum war es, Fußballprofi zu werden und seine Familie aus der Armut zu holen.

Seine Mutter warnte ihn, nicht zu viel zu träumen, aber Dico wusste, dass er es schaffen konnte. Er sagte: "Mama, eines Tages werde ich im Maracanã-Stadion spielen und Tausende von Menschen werden meinen Namen rufen."

Wie sich herausstellen sollte, lagen Dicos Träume nicht fern von der Wirklichkeit. Sein Talent, seine Hingabe und seine Liebe zum Fußball führten ihn zu Höhen, von denen er als Kind nur träumen konnte.

Dies war nur der Beginn der erstaunlichen Reise eines Jungen, der aus einfachsten Verhältnissen kam und die Fußballwelt für immer veränderte. Es war der Beginn der Legende von Pelé.

Herausforderungen

Pelés Talent war unbestreitbar. Aber wie bei jeder großen Erfolgsgeschichte gab es viele Herausforderungen, die er überwinden musste. Und während seine Fußballfähigkeiten beeindruckend waren, war es seine Entschlossenheit und sein Charakter, die ihn durch die härtesten Zeiten trugen.

Als Pelé begann, in organisierten Fußballmannschaften zu spielen, wurde er oft wegen seiner bescheidenen Herkunft verspottet. Viele seiner Teamkollegen hatten richtige Fußballschuhe und Ausrüstung, während Pelé oft in geliehenen oder gebrauchten Sachen spielte. Einige nannten ihn "den Jungen aus dem Slum" oder machten sich über seine alten, abgenutzten Schuhe lustig.

Aber Pelé ließ sich nicht entmutigen. Er wusste, dass wahres Talent nicht von der Ausrüstung kommt, die man trägt, sondern von dem Herz, das in einem schlägt. Bei jedem Spott verdoppelte er seine

Anstrengungen, übte härter und konzentrierte sich intensiver.

Eine weitere Herausforderung war das Heimweh. Als er in die Großstadt Santos zog, um für den berühmten Santos FC zu spielen, vermisste er seine Familie und seine Heimatstadt. Es war das erste Mal, dass er so weit von zu Hause weg war, und die Nächte waren oft einsam. Aber Pelé erinnerte sich an den Traum, den er als Kind hatte, und das gab ihm die Kraft, weiterzumachen.

Während seiner Karriere wurde er auch oft verletzt. Jedes Mal, wenn er dachte, er sei auf dem Höhepunkt, würde eine Verletzung oder ein Rückschlag ihn zurückwerfen. Aber er gab nie auf. Mit jeder Verletzung, jeder Niederlage und jedem Rückschlag wurde sein Wille nur stärker.

Es gab auch Zeiten, in denen der Druck überwältigend war. Bei der Weltmeisterschaft 1966 in England wurde er so hart von den Gegnern attackiert, dass er verletzt vom Platz getragen werden musste. Viele dachten, seine Karriere sei vorbei. Aber Pelé, mit Tränen in den Augen, schwor, zurückzukommen und noch stärker zu werden.

Und das tat er auch. Bei der Weltmeisterschaft 1970 in Mexiko führte er Brasilien zu einem weiteren Titelgewinn und zeigte der Welt, dass wahre Champions nicht durch Rückschläge definiert werden, sondern durch ihre Fähigkeit, sich wieder aufzurichten und weiterzumachen.

Pelés Geschichte zeigt uns, dass es im Leben nicht nur um Talent geht. Es geht darum, wie man mit Herausforderungen umgeht, wie man an sich selbst glaubt und nie aufgibt, egal wie groß die Hindernisse sind. Es geht darum, mit Herz und Seele dabei zu sein und nie den Glauben an sich selbst zu verlieren. Es ist die Geschichte eines wahren Champions.

Karriere

Pelés Karriere begann im Alter von nur 15 Jahren beim Santos FC, einem bekannten brasilianischen Club. Mit seinen unglaublichen Toren und seinen herausragenden Fähigkeiten wurde er schnell zur Sensation des brasilianischen Fußballs. Das Stadion füllte sich immer, wenn er spielte, und bald wurde er in die brasilianische Nationalmannschaft berufen.

Was dann geschah, schien wie ein Märchen: Bei seiner ersten Fußball-Weltmeisterschaft im Jahr 1958 war Pelé erst 17 Jahre alt. Viele dachten, er wäre zu jung und zu unerfahren, um auf dieser großen Bühne zu glänzen. Aber Pelé bewies allen Zweiflern das Gegenteil. Er erzielte beeindruckende Tore, eins nach dem anderen, und half Brasilien, Schweden im Finale zu besiegen und den Weltmeistertitel zu gewinnen. Mit seinem Hattrick im Halbfinale und einem weiteren Tor im Finale schrieb er Geschichte.

Aber das war nur der Anfang. Pelé sollte noch zwei weitere Weltmeistertitel gewinnen, 1962 und 1970, und wurde damit zum einzigen Spieler, der dreimal Fußball-Weltmeister wurde. Bei Santos sammelte er auch nationale Titel und wurde zu einem echten Superstar, nicht nur in Brasilien, sondern auf der ganzen Welt.

Überall, wo er hinging, zog er die Menschenmassen an. Seine Spiele wurden in Ländern übertragen, in denen Fußball nicht einmal die Hauptattraktion war. Er wurde zum Botschafter des Fußballs und des Sports im Allgemeinen, traf Könige, Präsidenten und Prominente. Er spielte in Filmen mit, nahm Musik auf und wurde zum Symbol des brasilianischen "samba soccer".

Aber trotz all des Ruhms und der Aufmerksamkeit blieb Pelé demütig und stets seinem Spiel treu. Er respektierte seine Gegner, liebte seine Fans und gab immer sein Bestes auf dem Feld. Es war diese Kombination aus Talent, Charakter und Hingabe, die ihn zu einem der größten Fußballer aller Zeiten machte.

Pelés Karriere bei Santos endete 1974, aber sein letztes Kapitel war noch nicht geschrieben. Er wechselte in die USA zu den New York Cosmos, um den Fußball in Amerika populärer zu machen. Und natürlich gelang es ihm. Seine Ankunft veränderte die Landschaft des Fußballs in den USA und legte den Grundstein für das, was heute die Major League Soccer ist.

1977, im Alter von 36 Jahren, hängte Pelé seine Fußballschuhe an den Nagel. Aber die Legende von Pelé lebt weiter. Seine Tore, seine Spiele und vor allem sein Geist sind eine Inspiration für Fußballfans auf der ganzen Welt. Sein Erbe ist nicht nur in den Rekorden und Titeln, die er gewonnen hat, sondern in den Herzen und Köpfen der Menschen, die ihn spielen sahen und von ihm inspiriert wurden. Es ist die Geschichte eines wahren Königs des Fußballs.

Lebensphilosophie und Werte

Wenn wir an Pelé denken, kommen uns oft Bilder von seinen spektakulären Toren, seinen rasanten Dribblings und seinen triumphalen Momenten auf dem Fußballfeld in den Sinn. Aber hinter all diesen sportlichen Erfolgen verbirgt sich eine tiefe Lebensphilosophie und Werte, die den Menschen aus ihm machten, den wir so bewundern.

Von Anfang an stand für Pelé die Liebe zum Spiel im Vordergrund. Er glaubte, dass Fußball mehr war als nur ein Sport. Für ihn war es eine Kunst, eine Form des Ausdrucks und eine Möglichkeit, Freude in die Herzen der Menschen zu bringen. Er spielte immer mit einem Lächeln im Gesicht, und dieses Lächeln war ansteckend. Es zeigte seine echte Leidenschaft und seine Hingabe an das Spiel.

Doch Pelé war nicht nur auf dem Feld ein Vorbild. Er glaubte fest an die Werte von Respekt, Demut und Integrität. Er behandelt jeden, von den Balljungen bis zu den Präsidenten, mit der gleichen Freundlichkeit und Achtung. Er war oft der Erste, der einem gefallenen Gegner aufhalf oder den Schiedsrichter nach einer Entscheidung beruhigte.

Seine Demut war besonders bemerkenswert. Trotz all seines Ruhms und seiner Erfolge sah er sich nie als den "Besten" an. Stattdessen betonte er oft die Bedeutung des Teams und dankte seinen Mitspielern, Trainern und Fans für ihren Beitrag zu seinem Erfolg. Er wusste, dass Fußball ein Mannschaftssport ist und dass kein Spieler allein gewinnen kann.

Pelé glaubte auch an die Kraft des Sports, das Leben der Menschen zu verändern. Er setzte seinen Ruhm und seine Plattform ein, um sozialen Wandel zu fördern, insbesondere in den benachteiligten Gemeinden Brasiliens. Er eröffnete Fußballschulen für Kinder, beteiligte sich an Wohltätigkeitsaktionen und sprach oft über die Bedeutung der Bildung.

Eines seiner berühmtesten Zitate lautet: "Erfolg ist kein Unfall. Es ist harte Arbeit, Ausdauer, Lernen, Studieren, Opfer und vor allem Liebe zu dem, was Sie tun oder lernen zu tun." Dieses Zitat fasst Pelés Lebensphilosophie perfekt zusammen. Für ihn war der Weg zum Erfolg nie einfach. Es erforderte Hingabe, Opfer und eine unaufhörliche Liebe zum Fußball. Aber am Ende war es diese Liebe und diese Werte, die ihn zu dem machten, was er war: ein wahrer Champion im Leben und auf dem Feld.

Junge Leser können viel von Pelés Geschichte lernen. Es lehrt uns, dass wahre Größe nicht nur im Talent oder im Ruhm liegt, sondern auch in den Werten, die wir leben, und in der Art und Weise, wie wir mit anderen Menschen umgehen. Pelé ist ein Beweis dafür, dass mit harter Arbeit, Hingabe und einem guten Herzen alles möglich ist. Sein Erbe ist nicht nur das eines Fußballers, sondern das eines Menschen, der die Welt durch seine Talente, seine Leidenschaft und seine Lebensphilosophie besser gemacht hat.

Zusammenfassung

Pelés beeindruckende Lebensgeschichte bietet junge Leserinnen und Leser zahlreiche Lehren und Inspirationen, die weit über den Fußball hinausgehen. Seine Geschichte erinnert uns daran, dass Erfolg nicht nur aus Talent oder Glück resultiert, sondern aus Hingabe, harter Arbeit und einer tiefen Leidenschaft für das, was man tut.

Junge Leser können aus Pelés Geschichte lernen, dass wahre Größe nicht nur in den erzielten Toren oder gewonnenen Spielen liegt. Viel wichtiger sind die Werte von Demut, Respekt und Teamarbeit. Selbst an der Spitze seines Ruhms hat Pelé nie vergessen, wo er herkam und wie wichtig es ist, andere mit Güte und Respekt zu behandeln.

Pelé zeigt uns auch, wie wichtig es ist, stets an sich selbst zu glauben, besonders in schwierigen Zeiten. Er hat Rückschläge und Kritik überwunden und hat nie seine Liebe zum Spiel und seine Ziele aus den Augen verloren. Dies lehrt junge Leser, dass mit der richtigen Einstellung und Entschlossenheit auch die größten Hindernisse überwunden werden können.

Zudem betont Pelés Geschichte die Kraft des Sports, Brücken zu bauen und positive Veränderungen in der Gemeinschaft herbeizuführen. Er hat sein Leben der Hilfe für andere gewidmet, besonders für diejenigen in benachteiligten Gemeinschaften. Dies kann junge Leser inspirieren, ihre eigenen Talente und Plattformen zu nutzen, um in ihrer Gemeinschaft einen Unterschied zu machen.

Insgesamt dient Pelés Geschichte als leuchtendes Beispiel dafür, wie man mit Integrität, Leidenschaft und einem guten Herzen leben kann. Junge Leser können sich von ihm inspirieren lassen, ihre eigenen Träume zu verfolgen, stets ihr Bestes zu geben und dabei immer die Werte von Freundlichkeit, Respekt und Teamarbeit im Blick zu behalten.

Mia Hamm

(USA)

"Feiere das, was du erreichen willst, mehr als das, was du bereits erreicht hast."

Kindheit

In einer kleinen Stadt namens Selma in Alabama, USA, war ein junges Mädchen namens Mariel Margaret Hamm, von allen "Mia" genannt, ständig in Bewegung. Mit ihren leuchtenden Augen und ihrem unermüdlichen Energielevel spielte sie überall, wo sie konnte: auf dem Hof, im Park, auf der Straße und sogar im Haus, sehr zur Verzweiflung ihrer Mutter!

Mia war nicht irgendein gewöhnliches Mädchen; sie hatte ein besonderes Talent. Jedes Mal, wenn sie einen Fußball sah, leuchteten ihre Augen auf, und sie konnte nicht widerstehen, ihn zu treten. Aber was noch bemerkenswerter war, war ihre Fähigkeit, den Ball so zu steuern, als ob er ein verlängerter Teil von ihr selbst wäre. Sie dribbelte, schoss und passte besser als die meisten Kinder in ihrem Alter.

Das kam nicht von ungefähr. Mia hatte vier Geschwister, und sie alle liebten Sport. Doch es war Mia, die eine besondere Bindung zum Fußball entwickelte. Ihre Familie zog oft um, da ihr Vater bei der Air Force war, aber wo auch immer sie hinkamen, Mia fand immer einen Platz zum Spielen.

In Italien, wo sie eine Zeit lang lebte, beobachtete Mia oft die lokalen Kinder, wie sie Fußball auf den Straßen spielten. Sie war fasziniert von ihren Bewegungen, ihrer Geschicklichkeit und ihrer Leidenschaft für das Spiel. Obwohl sie die einzige Amerikanerin und oft das einzige Mädchen in der Gruppe war, schloss sie sich ihnen an. Sie lernte nicht nur die italienische Sprache, sondern auch den italienischen Stil des Fußballspielens.

Aber es war nicht immer einfach für Mia. Manchmal sagten die Jungs: "Du kannst nicht mitspielen, weil du ein Mädchen bist." Aber Mia ließ sich nicht entmutigen. Sie wollte beweisen, dass Mädchen genauso gut spielen können wie Jungs. Und das tat sie auch! Bald war sie nicht nur das Mädchen, das mitspielte, sondern das Mädchen, das alle beeindruckte.

Eines Tages, als Mia wieder einmal im Park Fußball spielte, bemerkte ein Trainer ihre Fähigkeiten. Er trat auf sie zu und sagte: "Du hast ein großes Talent. Hast du darüber nachgedacht, professionell zu spielen?" Mia, obwohl noch sehr jung, nickte entschlossen. Sie wusste, dass Fußball ihre Bestimmung war.

Die Kindheit von Mia Hamm war geprägt von Leidenschaft, Entschlossenheit und der Liebe zum Spiel. Sie hat nie aufgegeben, egal welche Herausforderungen sich ihr in den Weg stellten. Und diese Einstellung sollte sie zu einer der größten Fußballerinnen aller Zeiten machen. Aber das, liebe Leser, ist eine Geschichte für ein anderes Kapitel...

Herausforderungen

Als Mia älter wurde, wuchs auch ihr Talent und ihre Leidenschaft für den Fußball. Aber mit diesem Talent kamen auch Herausforderungen. Während viele beeindruckt waren von Mias Fähigkeiten, gab es andere, die sie kritisierten, nur weil sie ein Mädchen war. Sie musste oft den Spott von anderen ertragen, die glaubten, dass Fußball "kein Sport für Mädchen" sei.

In der Schule wurde Mia oft gefragt, warum sie nicht andere "mädchenhafte" Aktivitäten wie Tanzen oder Singen ausprobieren würde. Aber Mia liebte den Fußball zu sehr, um aufzugeben. Sie wusste, dass sie ihre Leidenschaft verfolgen musste, egal was andere sagten.

Es gab auch physische Herausforderungen. Training für Fußball erfordert viel körperliche Anstrengung, und manchmal fühlte Mia sich erschöpft. Sie erlitt Verletzungen und Muskelzerrungen. Aber sie ließ sich nie unterkriegen. Jedes Mal, wenn sie fiel, stand sie wieder auf und spielte weiter.

Ein weiteres großes Hindernis war die Tatsache, dass es in den USA zu dieser Zeit keine professionelle Frauenfußballliga gab. Wo sollte Mia spielen, wenn sie erwachsen wurde? Die Idee, dass sie vielleicht ihre Fußballkarriere aufgeben müsste, wenn sie älter wurde, beun-

ruhigte sie sehr.

Aber wie immer fand Mia einen Weg. Sie trat der Frauenfußballmannschaft ihrer Universität bei und wurde bald zu einem Star. Ihre beeindruckenden Leistungen auf dem Spielfeld zogen die Aufmerksamkeit von Trainern und Scouts aus dem ganzen Land auf sich.

Doch der wahre Test ihrer Entschlossenheit kam, als sie die Chance bekam, für die US-amerikanische Frauen-Nationalmannschaft zu spielen. Es war eine große Ehre, aber auch eine riesige Verantwortung. Das Training war intensiver, die Erwartungen waren höher, und der Druck war enorm. Aber Mia nahm die Herausforderung an und spielte mit demselben Elan und derselben Leidenschaft, die sie als kleines Mädchen in den Straßen von Italien gezeigt hatte.

Durch all diese Herausforderungen lernte Mia eine wichtige Lektion: Wahre Stärke kommt nicht von dem, was man kann, sondern von der Fähigkeit, nie aufzugeben, egal wie schwierig die Dinge werden. Und das, liebe Leser, war das Geheimnis ihres Erfolgs.

Karriere

Mit jedem Spiel, das sie für die US-amerikanische Frauen-Nationalmannschaft spielte, wurde Mia Hamm bekannter und geliebter. Sie war nicht nur eine brillante Spielerin, sondern auch ein Symbol für Tausende von jungen Mädchen, die davon träumten, eines Tages in ihre Fußstapfen zu treten.

In den 1990er Jahren erlebte das Frauenfußballteam der USA einen beispiellosen Aufstieg. Sie gewannen zahlreiche Turniere und machten sich weltweit einen Namen. Und inmitten all dieses Ruhmes stand Mia, mit ihrem unverwechselbaren Talent und ihrer unerschütterlichen Entschlossenheit.

1991, im zarten Alter von 19 Jahren, half Mia dem US-Team, die erste Frauen-Weltmeisterschaft zu gewinnen. Dies war ein entscheidender

Moment, nicht nur für Mia, sondern für den gesamten Frauenfußball. Sie hatten bewiesen, dass sie genauso talentiert und leidenschaftlich waren wie ihre männlichen Kollegen.

Aber der Höhepunkt ihrer Karriere kam 1999, als die USA die Frauen-Weltmeisterschaft im eigenen Land ausrichteten. Das Turnier war ein riesiger Erfolg, mit Stadien voller begeisterter Fans. Das Finale war besonders denkwürdig. Vor 90.000 Zuschauern im ausverkauften Rose Bowl Stadion in Pasadena, Kalifornien, trat das US-Team gegen China an. Nach einem intensiven Spiel und einem nervenaufreibenden Elfmeterschießen gewannen die USA. Mia und ihre Teamkolleginnen wurden zu nationalen Helden.

Mia nutzte ihre Popularität, um das Bewusstsein für den Frauenfußball zu schärfen und jungen Spielerinnen auf der ganzen Welt zu inspirieren. Sie gründete zusammen mit anderen Spielerinnen die Women's United Soccer Association, die erste professionelle Frauenfußballliga in den USA.

Abseits des Spielfeldes setzte sich Mia auch für wohltätige Zwecke ein. Sie gründete die Mia Hamm Foundation, die sich für Knochenmarktransplantationen einsetzt und Stipendien für junge Athletinnen vergibt.

Nach einer glänzenden Karriere, die über zwei Jahrzehnte andauerte, beschloss Mia 2004, ihre Fußballschuhe an den Nagel zu hängen. Aber ihre Leidenschaft für den Sport und ihr Erbe als eine der größten Fußballerinnen aller Zeiten wird noch lange nachwirken.

In ihren Spielen, ihren Toren, ihren Pässen und vor allem in ihrem unerschütterlichen Geist hat Mia Hamm ein Erbe geschaffen, das Generationen von Fußballfans und jungen Spielerinnen inspirieren wird. Sie hat gezeigt, dass mit Talent, harter Arbeit und Entschlossenheit jedes Mädchen die Welt erobern kann.

Lebensphilosophie und Werte

Mia Hamm war nicht nur eine bemerkenswerte Fußballerin, sondern auch eine Frau mit festen Überzeugungen und Werten. Sie glaubte fest daran, dass Sport – und insbesondere Fußball – das Potenzial hat, Leben zu verändern, und sie nutzte ihre Plattform, um diese Botschaft zu verbreiten.

Leidenschaft für das Spiel: Für Mia war Fußball mehr als nur ein Sport. Es war eine Leidenschaft, eine Liebe, die sie von Kindesbeinen an pflegte. Sie glaubte daran, dass wenn man wirklich etwas liebt, man bereit sein muss, hart dafür zu arbeiten und Opfer zu bringen. Diese Leidenschaft trieb sie dazu an, immer ihr Bestes zu geben, sowohl im Training als auch im Spiel.

Teamgeist: Obwohl sie oft im Mittelpunkt stand, betonte Mia immer wieder, wie wichtig ihr Team für sie war. Sie glaubte fest daran, dass man im Fußball nur als Team Erfolg haben kann. Für sie war es wichtig, Vertrauen zu ihren Teamkolleginnen aufzubauen und sicherzustellen, dass jede Spielerin sich geschätzt und unterstützt fühlte.

Einsatz für andere: Mia war nicht nur auf dem Spielfeld engagiert. Sie wusste, dass sie eine Vorbildfunktion hatte, und nutzte ihre Bekanntheit, um anderen zu helfen. Ihre Stiftung, die Mia Hamm Foundation, ist ein Beweis für ihr Engagement für soziale Angelegenheiten und zeigt, wie wichtig es für sie war, zurückzugeben und einen Unterschied in der Welt zu machen.

Glaube an sich selbst: Mia glaubte fest an die Kraft des Selbstvertrauens. Sie wusste, dass es viele Hürden und Herausforderungen gibt, denen man im Leben begegnen wird, aber mit dem richtigen Maß an Glauben und Entschlossenheit kann man sie überwinden. Sie inspirierte unzählige junge Mädchen, an sich selbst zu glauben und ihre Träume zu verfolgen, egal wie groß oder klein sie auch sein mögen.

Respekt: Egal ob im Training, im Spiel oder im täglichen Leben, Mia behandelte jeden, den sie traf, mit Respekt und Würde. Sie wusste, dass jeder Mensch einzigartig ist und wertgeschätzt werden sollte, unabhängig von seinen Fähigkeiten oder seiner Herkunft.

In ihrer Karriere und ihrem Leben hat Mia Hamm gezeigt, dass es nicht nur darum geht, Tore zu schießen oder Spiele zu gewinnen. Es geht darum, die richtige Einstellung zu haben, an sich selbst zu glauben und andere mit Respekt und Würde zu behandeln. Ihre Lebensphilosophie und Werte sind eine Inspiration für alle, die ihren Weg im Leben suchen.

Zusammenfassung

Die Geschichte von Mia Hamm ist nicht nur die einer außergewöhnlichen Fußballerin, sondern auch die einer Frau, die ständig Grenzen überschritt und den Weg für zukünftige Generationen von Sportlerinnen ebnete. Junge Leser können aus Mia's Geschichte entnehmen, wie wichtig Durchhaltevermögen, Selbstglaube und Teamarbeit sind.

Ihr Engagement sowohl auf als auch abseits des Spielfelds zeigt, dass wahre Größe nicht nur in der Anzahl der gewonnenen Spiele oder Trophäen gemessen wird. Es geht darum, einen Unterschied in der Gemeinschaft zu machen, die Menschen um einen herum zu unterstützen und die Welt positiv zu beeinflussen.

Mia's Geschichten über ihre Kindheit, die Herausforderungen, denen sie gegenüberstand, und ihre Hingabe, um an die Spitze zu gelangen, können junge Leser dazu inspirieren, ihre eigenen Herausforderungen mit Entschlossenheit und Mut anzugehen. Es zeigt ihnen, dass, egal wie groß ein Traum erscheint oder wie viele Hindernisse im Weg stehen, mit Leidenschaft, Hingabe und der richtigen Einstellung alles möglich ist.

Darüber hinaus betont Mia's Lebensgeschichte die Bedeutung von Respekt, Integrität und der Kraft der Gemeinschaft. Junge Leser können lernen, dass es nicht nur darum geht, der Beste in dem zu sein, was man tut, sondern auch darum, wie man andere behandelt und wie man zur Gesellschaft beiträgt.

Insgesamt bietet Mia Hamm's Geschichte eine kraftvolle Botschaft darüber, was es bedeutet, ein wahrer Champion im Leben zu sein. Es geht nicht nur um den Ruhm oder die Anerkennung, sondern um die Art und Weise, wie man seinen Weg geht, die Menschen, die man auf dem Weg beeinflusst, und die positiven Veränderungen, die man in der Welt bewirkt.

Thomas Müller

(Deutschland)

"Man muss immer Spaß haben, du hast zu spielen wie ein Kind. Nicht kindisch, aber wie ein Kind."

Kindheit

In einem kleinen, gemütlichen Dorf namens Pähl in Deutschland, umgeben von weiten Feldern und dichten Wäldern, begann das Abenteuer eines Jungen, dessen Lächeln so ansteckend war wie sein Enthusiasmus für den Fußball. Dieser Junge war Thomas Müller.

Thomas war nicht wie die anderen Kinder. Er verbrachte jede freie Minute draußen, seinen Fußball unter dem Arm geklemmt, seine Augen voller Träume. Während seine Freunde sich in Computerspiele vertieften, erforschte Thomas den Fußballplatz. Das Rascheln des Grases unter seinen Füßen war seine Lieblingsmelodie, der Ball an seiner Seite sein treuester Freund.

Er war sieben Jahre alt, als er seinem ersten richtigen Fußballverein beitrat, dem TSV Pähl. Es war Liebe auf den ersten Blick. Der Fußballplatz war seine Leinwand, und er war bereit, sie mit den buntesten Farben zu bemalen, die er finden konnte. Er war kein gewöhnlicher Spieler; er hatte eine besondere Gabe. Thomas konnte das Spiel lesen, wie andere Kinder ein aufregendes Buch. Er wusste, wo der Ball hinfliegen würde, bevor er überhaupt getreten wurde.

Sein erstes Tor war etwas ganz Besonderes. Es war, als würde man einen Schalter umlegen. Das Tor zu treffen, war mehr als nur ein Punkt für sein Team; es war ein Zaubertrick, den er allen zeigte. Von diesem Tag an wollte er immer wieder diesen Zauber spüren.

Aber Thomas' Kindheit war nicht nur ein Spaziergang über den grünen Rasen. Es gab Herausforderungen, wie sie jedes Kind kennt. In der Schule musste er sich konzentrieren, obwohl seine Gedanken oft bei seinem nächsten Spiel oder Training waren. Manchmal kicherte er in der Klasse, weil er sich vorstellte, wie der Ball ins Netz flog, statt den Matheformeln zu folgen, die an die Tafel geschrieben wurden.

Er hatte auch mit Zweifeln zu kämpfen. Manche sagten, er sei nicht groß oder stark genug, um ein echter Fußballer zu sein. Aber Thomas hatte etwas, das noch wichtiger war – einen unerschütterlichen Willen und eine Vorstellungskraft, die ihn Dinge tun ließ, die auf dem Spielfeld fast unmöglich schienen. Er lernte, dass es im Fußball nicht nur um die Größe oder Stärke geht, sondern auch um Intelligenz und Kreativität.

Seine Familie stand immer hinter ihm, besonders sein Opa, der ihm die wichtigsten Fußballtricks beibrachte und ihm Geschichten von Fußballlegenden erzählte, die die Welt begeisterten. Diese Geschichten waren wie Samen, die in Thomas' Herzen gepflanzt wurden und Tag für Tag wuchsen.

Am Ende jedes Tages, wenn Thomas nach Hause kam, sein Trikot verschwitzt und sein Gesicht mit einem breiten Lächeln bedeckt, wusste er, dass er seinem Traum, ein Fußballstar zu werden, einen Schritt näher gekommen war. Er wusste, dass jedes Spiel, jeder Pass und jedes Tor ihn zu dem Spieler formten, der er eines Tages sein würde – ein Spieler, der die Welt nicht nur durch seine Tore, sondern auch durch sein strahlendes Lächeln erobern würde.

Und so, inmitten des friedlichen Dorfes Pähl, wuchs ein kleiner Junge mit einem großen Traum auf. Eines Tages würde er die großen Stadien betreten und seine Freude am Spiel mit Millionen teilen. Aber egal, wie weit er kommen würde, er würde immer der Junge aus Pähl bleiben, der mit seinem Ball durch die Wiesen streifte und jeden Tag sein eigenes kleines Wunder erlebte.

Herausforderungen

Thomas Müller, der Junge mit dem Ball unter dem Arm und Träumen im Kopf, kannte schon früh die Bedeutung von Herausforderungen. Nachdem er in seinem Heimatverein TSV Pähl aufgeblüht war, war es Zeit für den nächsten großen Schritt - und dieser Schritt führte ihn zum berühmten FC Bayern München.

Aber der Wechsel in die Jugendakademie eines der größten Fußballvereine der Welt war nicht einfach. Thomas musste sich an ein neues Umfeld, strengere Trainingsroutinen und den Druck, sich zu beweisen, anpassen. Die Tage waren lang und anstrengend, und die Nächte waren oft kurz, da Gedanken an das nächste Spiel ihn wach hielten.

Er war nicht mehr der große Fisch im kleinen Teich von Pähl; hier war er einer von vielen talentierten Spielern, die alle dasselbe Ziel hatten: Profi zu werden. Manchmal fühlte sich Thomas verloren in der Menge, sein Selbstvertrauen wankte wie ein dünner Ast im Wind.

Eine der größten Herausforderungen für Thomas war, sich an die physischen Anforderungen des Profifußballs anzupassen. Die anderen Spieler waren schneller, stärker und hatten mehr Erfahrung. Er musste seine natürliche Intelligenz und sein Spielverständnis nutzen, um diese Unterschiede auszugleichen. Thomas verbrachte extra Stunden im Fitnessstudio, arbeitete an seiner Ausdauer und verfeinerte seine Technik, bis der Ball so reagierte, wie er es wollte.

Ein weiteres Hindernis waren die Verletzungen. Jeder Sportler fürchtet sie, und Thomas war keine Ausnahme. Ein falscher Tritt, ein unglücklicher Zusammenstoß - und plötzlich könnte der Traum in Gefahr sein. Thomas erlebte, wie Teamkollegen durch Verletzungen zurückgeworfen wurden, und er wusste, dass er auf seinen Körper aufpassen musste.

Es gab Momente, in denen der junge Müller zweifelte. Er fragte sich, ob er wirklich das Zeug dazu hatte, bei Bayern München zu spielen. Doch dann erinnerte er sich an die Worte seines Opas: "Erfolg ist nicht endgültig,

Misserfolg ist nicht fatal: Es ist der Mut, der zählt."

Mit jedem Rückschlag wuchs sein Mut. Er lernte aus Fehlern, stand nach jedem Fall wieder auf und lief mit doppelter Entschlossenheit auf den Platz zurück. Er verstand, dass der Schlüssel zum Erfolg nicht darin lag, nie zu scheitern, sondern niemals aufzugeben.

Und so, zwischen Schweiß und Träumen, formten die Herausforderungen Thomas Müller zu dem Spieler und Menschen, den wir heute kennen. Sie lehrten ihn, dass hinter jeder Schwierigkeit eine Chance steckt und dass der wahre Wert eines Traums in dem Weg liegt, den man zurücklegt, um ihn zu erreichen. Jedes Hindernis auf dem Platz war eine Lektion, jede Herausforderung ein Schritt auf der Leiter nach oben – zur Legende, die in den Herzen der Fans weiterleben würde.

Karriere

Nachdem Thomas Müller die Herausforderungen der Jugendakademie gemeistert hatte, begann ein neues Kapitel in seinem Leben - das Kapitel seiner professionellen Fußballkarriere. Es war, als hätte jemand eine Tür aufgestoßen, hinter der ein heller Scheinwerferlicht die Bühne für zukünftige Triumphe erleuchtete.

Im Jahr 2009 bekam Thomas seine Chance im Profiteam des FC Bayern München, und er packte sie mit beiden Händen. Seine unverwechselbare Art, sich ohne Ball zu bewegen, seine Fähigkeit, Räume zu erkennen, die andere nicht sahen, und seine unvorhersehbaren Bewegungen machten ihn bald zu einem Schlüsselspieler.

Sein erstes Tor für Bayern ließ nicht lange auf sich warten. Es war, als hätte er den Ball mit einem unsichtbaren Faden gezogen; er tänzelte um die Verteidiger herum und schickte den Ball mit einem präzisen Schuss ins Netz. Das Stadion explodierte in Jubel, und Thomas' Herz sang mit. Er wusste, das war erst der Anfang.

In der Saison 2009/2010, unter der Leitung von Trainer Louis van Gaal, blühte Thomas' Talent auf. Er erzielte wichtige Tore in der Bundesliga, der Champions League und nationalen Pokalwettbewerben. Sein Instinkt für den Fußball und sein unnachahmlicher Stil ließen die Fans ihn „Raumdeuter" nennen – ein Spieler, der den Raum liest und versteht wie kein anderer.

Mit Bayern München erreichte Thomas unglaubliche Höhen. Er gewann zahlreiche Bundesliga-Titel, Pokale und wurde zu einer zentralen Figur in einem der erfolgreichsten Vereine der Welt. Der Höhepunkt seiner Vereinskarriere war der Gewinn der Champions League. An diesem magischen Abend in London, als der Endspiel-Pfiff ertönte, war er nicht nur ein Fußballer – er war ein Champion.

Aber Thomas' Karriere beschränkte sich nicht nur auf Vereinserfolge. Er vertrat Deutschland bei Weltmeisterschaften und Europameisterschaften. Im Jahr 2010, bei seiner ersten Weltmeisterschaft in Südafrika, zeigte er der Welt sein Können. Mit jugendlicher Energie und unbekümmerter Freude führte er das deutsche Team zum Erfolg und gewann den Goldenen Schuh als Torschützenkönig.

Thomas Müllers Karriere erzählt die Geschichte eines Jungen, der seine Träume lebte und nie aufgab. Jedes Tor, das er erzielte, jedes Spiel, das er gewann, war ein Testament seines Willens und seiner Hingabe. Er zeigte der Welt, dass es im Fußball nicht nur um die Füße geht, sondern auch um das Herz und den Verstand.

Und so wird die Geschichte von Thomas Müller weitererzählt, von Generation zu Generation, als Erinnerung daran, dass man mit Leidenschaft, Hingabe und der Liebe zum Spiel alles erreichen kann. Er ist ein Vorbild für Kinder überall, ein Beweis dafür, dass Träume wahr werden können, wenn man den Mut hat, ihnen zu folgen.

Lebensphilosophie und Werte

Thomas Müller war nicht nur auf dem Spielfeld eine Legende, sondern auch abseits davon ein Vorbild. Sein Geheimnis? Eine Lebensphilosophie und Werte, die so klar und leuchtend waren wie seine Spielweise.

1. Teamgeist über alles:
Thomas glaubte fest daran, dass Fußball ein Mannschaftssport ist. „Egal wie talentiert du bist, der Sport wird auf dem Feld von einem Team gespielt", pflegte er zu sagen. Diese Überzeugung prägte sein Verhalten auf und neben dem Platz. Er unterstützte seine Mitspieler, teilte Ruhm und Anerkennung, und war immer bereit, für das Team zu arbeiten, anstatt für persönliche Statistiken.

2. Arbeitsethik:
„Talent bringt dich ins Spiel, aber Arbeitsethik gewinnt die Spiele", war ein weiteres Motto, nach dem Thomas lebte. Er trainierte hart und gab niemals auf, egal ob das Team führte oder zurücklag. Sein unermüdlicher Einsatz wurde zum Maßstab für alle, die mit ihm spielten.

3. Demut:
Trotz seines unglaublichen Erfolges blieb Thomas immer bodenständig. Er wusste, wo er herkam, und vergaß nie die Anfänge auf dem kleinen Fußballplatz in Pähl. Er war dankbar für jede Gelegenheit, die er bekam, und nutzte sie zum Lernen und Verbessern.

4. Freude am Spiel:
Thomas spielte Fußball mit einem Lächeln auf den Lippen. Für ihn war es wichtig, Freude am Spiel zu haben, und er ermutigte junge Spieler, niemals die Liebe zum Sport zu verlieren. „Wenn du Freude hast, verbessern sich Leistung und Kreativität von selbst", betonte er.

5. Respekt:
Respekt gegenüber Mitspielern, Gegnern, Trainern und Fans war für Thomas selbstverständlich. Er behandelte jeden mit Höflichkeit und

Anerkennung, unabhängig vom Ausgang des Spiels.

6. Verantwortung:
Als öffentliche Figur war sich Thomas seiner Verantwortung bewusst. Er engagierte sich in sozialen Projekten und nutzte seine Bekanntheit, um auf wichtige Themen aufmerksam zu machen. Sein Engagement für wohltätige Zwecke zeigte, dass er seine Rolle als Vorbild ernst nahm.

Diese Werte und Prinzipien machten Thomas Müller zu einem Helden abseits des Rampenlichts. Sie zeigten, dass Erfolg nicht nur aus Trophäen und Titeln besteht, sondern auch aus der Art und Weise, wie man sich als Mensch verhält.

Für junge Leser war Thomas' Geschichte mehr als nur eine Reihe von sportlichen Erfolgen. Sie war ein Beispiel dafür, wie man mit Integrität, Leidenschaft und einer positiven Einstellung im Leben vorankommen kann. Sie lehrte, dass echter Erfolg darin besteht, sich selbst treu zu bleiben, hart zu arbeiten und andere zu respektieren. Und das vielleicht wichtigste: Sie zeigte, dass es in Ordnung ist, Spaß zu haben, während man seine Träume verwirklicht.

Zusammenfassung

Thomas Müller, ein Name, der in den Fußballstadien der Welt widerhallt, begann seine Reise in einem beschaulichen bayerischen Dorf, weit entfernt vom Glanz der Weltbühne, auf die er eines Tages treten würde. Diese Reise, geprägt von spielerischer Leichtigkeit und einem unverwechselbaren Sinn für das Spiel, zeigt den Werdegang eines Jungen, der mit einem Ball am Fuß groß wurde.

In seiner Kindheit fand Thomas oft Freude darin, durch die weiten Grünflächen zu streifen, den Ball vor sich herzutreiben und mit jedem Schuss, jeder Bewegung seine Liebe zum Spiel zu vertiefen. Es war die unkomplizierte, reine Freude am Fußball, die ihn antrieb und ihn auch in Zeiten des Zweifels und der Herausforderung leitete.

Die Herausforderungen, denen Thomas gegenüberstand, waren nicht gering: Die Konkurrenz war hart, die Erwartungen hoch und die Opfer, die er und seine Familie bringen mussten, waren bedeutend. Doch diese Hindernisse wurden durch seine Hingabe und seinen unerschütterlichen Willen, besser zu werden, in Chancen verwandelt.

Müllers Karriere ist ein lebendiges Beispiel dafür, wie weit Entschlossenheit und harte Arbeit einen führen können. Vom Spielen auf den staubigen Plätzen seines Dorfes bis hin zum Erreichen des Gipfels der Fußballwelt zeichnete sich sein Weg durch seine Fähigkeit aus, sich an das ständig wechselnde Spiel anzupassen und dabei stets ein Teamspieler zu bleiben.

Seine Lebensphilosophie spiegelt sich auch auf dem Platz wider: die Art und Weise, wie er sich bewegt, wie er mit seinen Mitspielern interagiert und wie er nie den Spaß am Spiel verliert, selbst unter dem Druck der größten Spiele. Müller steht für einen Spieler, der zwar leistungsstark, aber auch demütig ist, jemand, der Ruhm und Erfolg nicht über den Wert der Gemeinschaft und die Liebe zum Spiel stellt.

Die Karriere von Thomas Müller ist also nicht nur eine Abfolge von

beeindruckenden Statistiken und gewonnenen Titeln, sondern auch ein lebendiges Mosaik von Lektionen über Zusammenarbeit, Anpassungsfähigkeit und die Aufrechterhaltung der eigenen Identität trotz des Rampenlichts. In einer Welt, die oft vom Ehrgeiz verschlungen wird, bleibt Müller ein Symbol für die Freude und den Gemeinschaftssinn, die das Herz des Fußballs ausmachen.

Diego Maradona

(Argentinien)

"Träumt nicht euer Leben, lebt euren Traum. Auf dem Feld gibt es keinen Platz für Reue."

Kindheit

In der lebendigen und farbenfrohen Stadt Lanús, nicht weit von Buenos Aires in Argentinien, begann die Geschichte eines kleinen Jungen, der eines Tages die Fußballwelt verzaubern sollte. Sein Name war Diego Armando Maradona. Geboren in eine einfache Familie, wuchs Diego in einer Welt auf, die vom Rhythmus des Fußballs bestimmt war. Das runde Leder war sein treuer Begleiter durch alle Höhen und Tiefen seiner Kindheit.

Die Straßen von Villa Fiorito, einem bescheidenen Stadtteil, waren Diegos erstes Fußballfeld. Statt saftigem Grün gab es rauen Asphalt, und anstelle eines glänzenden Balls nutzte er oft einen zusammengedrückten Pappbecher oder was immer er gerade finden konnte, um seinen Fußballhunger zu stillen. Doch diese improvisierten Spiele waren mehr als nur ein Zeitvertreib; sie waren die ersten Schritte eines unermüdlichen Traums.

Diego war klein für sein Alter, aber was ihm an Größe fehlte, machte er durch seine unglaubliche Beharrlichkeit und sein natürliches Talent wett. Mit jedem Dribbling, jedem Pass und jedem Schuss auf die improvisierten Tore wuchs seine Leidenschaft für das Spiel. Der Ball schien wie magisch an seinen Füßen zu kleben, und die Nachbarskinder staunten, wie er sich durch die engsten Räume schlängelte, als würde er tanzen.

Die Maradonas waren eine fußballverrückte Familie, und Diegos frühe Liebe zum Spiel wurde durch die Begeisterung seines Vaters gestärkt, der keine Mühen scheute, um seinem Sohn echte Fußbälle zu besorgen, als er das außergewöhnliche Talent seines Sohnes bemerkte. Diegos Mutter hingegen sorgte sich um ihren Sohn, der stundenlang auf den Straßen spielte, und rief ihn oft zum Essen, nur um ihn dann wieder mit einem Ball unter dem Arm hinausstürmen zu sehen.

Die wahre Prüfung kam, als Diego zum ersten Mal in einen echten Fußballklub eingeladen wurde. Er war viel kleiner als die anderen Jungen, und viele zweifelten, ob er sich durchsetzen könnte. Doch Diego hatte ein Herz wie ein Löwe und den unerschütterlichen Glauben, dass er, solange er einen Ball an seinen Füßen hatte, alles erreichen konnte.

Sein erstes Spiel war eine Offenbarung. Mit nur acht Jahren spielte er gegen Jungen, die weit größer und stärker waren als er, aber es spielte keine Rolle. Diego tanzte mit dem Ball, ließ Gegner nach dem anderen hinter sich und schoss Tore, als wäre es das Einfachste der Welt. Sein Talent war unübersehbar, und es dauerte nicht lange, bis er von Scouts entdeckt wurde, die von seiner außergewöhnlichen Gabe überwältigt waren.

Die Kindheit von Diego Maradona war geprägt von der reinen Freude am Fußball, der Liebe und Unterstützung seiner Familie und dem unerschütterlichen Glauben an sich selbst. Und während er auf den staubigen Straßen von Villa Fiorito spielte, zeichnete sich bereits ab, dass dieser kleine Junge mit dem großen Herz eines Tages ein Star in den größten Stadien der Welt werden könnte.

Herausforderungen

Als Diego Armando Maradona die Welt des professionellen Fußballs betrat, sah er sich einer Reihe neuer Herausforderungen gegenüber. Die bescheidenen Straßen von Villa Fiorito waren durch die imposanten Stadien und die glitzernden Fußballplätze ersetzt worden. Der Druck, zu performen, die Erwartungen der Fans und die Konkurrenz um ihn herum waren enorm. Doch für Diego war jeder Druck, jede Erwartung nur ein weiterer Beweis dafür, dass er seinen Platz in dieser Welt gefunden hatte.

Die erste große Herausforderung kam, als er in die Jugendmannschaft von Argentinos Juniors aufgenommen wurde. Hier musste er zeigen, dass er nicht nur auf den Straßen, sondern auch auf höchstem Niveau bestehen konnte. Er war jung, einer der jüngsten in jeder Mannschaft, in der er spielte, und die physische Belastung war

intensiv. Aber Diego besaß eine bemerkenswerte Fähigkeit, den Fokus zu behalten und unter Druck zu glänzen. Mit seiner gewohnten Verspieltheit auf dem Feld begeisterte er weiterhin die Menschen mit seinem Talent und seinem Mut.

Ein weiterer Wendepunkt war, als Verletzungen und Erschöpfung anfingen, ihren Tribut zu fordern. Im Fußball auf hohem Niveau wurde er regelmäßig hart angegangen, und jeder Stoß und Tritt hinterließ Spuren an seinem jungen Körper. Trotz Schmerzen und Müdigkeit weigerte sich Diego, aufzugeben. Er wusste, dass der Fußball sein Schicksal war, und keine Verletzung konnte seinen Willen brechen.

Die Herausforderungen waren jedoch nicht nur körperlicher Natur. Mit dem wachsenden Ruhm kamen Ablenkungen und Verlockungen abseits des Platzes. Diego musste lernen, weise zu wählen, wem er vertraute und wie er mit den unvermeidlichen Ruhmesfallen umging, die viele junge Sportler bedrohen. Es war ein Balanceakt, bei dem er lernen musste, bescheiden und fokussiert zu bleiben, während er den Verführungen des Ruhms widerstand.

Ein bedeutender Test seines Charakters kam, als er begann, für die argentinische Nationalmannschaft zu spielen. Die Last eines ganzen Landes lag auf seinen Schultern, und jeder erwartete, dass er Argentinien zu Ruhm führen würde. Die Intensität der Weltmeisterschaften, die Augen der Welt, die auf ihn gerichtet waren, alles fügte sich zu einer enormen Herausforderung zusammen. Aber Diego, der in seiner Kindheit gelernt hatte, mit wenig viel zu erreichen, ließ sich von der Größe der Aufgabe nicht einschüchtern. Stattdessen wuchs er mit jeder Herausforderung über sich hinaus.

Die Herausforderungen, die Diego Maradona auf seinem Weg zum Erfolg meistern musste, waren zahlreich und vielfältig, doch sie waren entscheidend für die Formung seines Charakters und seiner Karriere. Sie lehrten ihn Ausdauer, Hingabe und Demut – Eigenschaften, die ihn zu einer Legende machten und die alle jungen Fußballfans bewundern und nachahmen können.

Karriere

Die Karriere von Diego Maradona war geprägt von strahlenden Höhen und tiefen Tiefen, von unvergesslichen Toren und umstrittenen Momenten. Sein Aufstieg von den staubigen Feldern von Villa Fiorito zu den leuchtend grünen Spielfeldern der Weltbühne war nichts weniger als märchenhaft.

In seinem Verein Boca Juniors fand Diego ein Zuhause, wo seine Kreativität und sein Ballgefühl auf begeisterte Fans trafen, die seinen Namen auf den Tribünen sangen. Seine Fähigkeit, den Ball zu kontrollieren, als wäre er ein Teil von ihm, verzauberte die Zuschauer und sorgte für Magie auf dem Spielfeld. Seine Tore waren nicht nur Spielentscheidungen, sondern auch Kunstwerke, die die Menschen in Staunen versetzten.

Doch sein größter Moment sollte erst noch kommen. Als Kapitän der argentinischen Nationalmannschaft führte Maradona sein Team bei der Weltmeisterschaft 1986 zum Sieg. In jedem Spiel zeigte er eine Leistung, die von purer Brillanz gezeichnet war. Eines seiner berühmtesten Tore, das als "Hand Gottes" in die Geschichte einging, wurde ebenso diskutiert wie bewundert. Aber es war sein zweites Tor im selben Spiel gegen England, bei dem er von der eigenen Hälfte aus fünf Gegenspieler ausspielte, bevor er den Ball im Netz versenkte, das als "Jahrhunderttor" gefeiert wurde. Dieses Tor symbolisierte Diegos Geist: kühn, unerschrocken und außergewöhnlich.

Nach dem Triumph bei der Weltmeisterschaft wurde Diego zu einem weltweiten Phänomen. Seine Zeit bei Napoli in Italien war gekennzeichnet von Triumphen, als er dem Verein half, seinen ersten italienischen Meistertitel zu gewinnen – ein Ereignis, das in Neapel bis heute legendär ist. Die Stadionränge waren stets gefüllt mit Fans, die kamen, um den argentinischen Maestro zu sehen, der die Herzen der Menschen nicht nur in seiner Heimat, sondern auch in Europa eroberte.

Doch Maradonas Karriere war nicht frei von Kontroversen. Seine Kämpfe mit verschiedenen persönlichen und professionellen Dämonen waren ebenso öffentlich wie seine Erfolge auf dem Feld. Trotz der

Rückschläge und Schwierigkeiten, die sich ihm in den Weg stellten, bleibt die Erinnerung an seine Leistungen unvergessen. Er war ein Held für die einen und ein Mysterium für die anderen, aber niemand konnte sein Talent oder seinen Einfluss auf das Spiel leugnen.

Die Geschichte von Diego Maradona zeigt uns, dass wahre Größe nicht in Perfektion liegt, sondern in der Fähigkeit, sich trotz Unvollkommenheiten zu erheben und zu inspirieren. Seine Karriere lehrt junge Athleten überall, dass man, egal wo man herkommt oder welche Herausforderungen man im Leben hat, mit Hingabe, Leidenschaft und harter Arbeit die Spitze erreichen und die Herzen von Menschen weltweit erobern kann.

Lebensphilosophie und Werte

Die Lebensphilosophie und die Werte von Diego Maradona waren ebenso leidenschaftlich und unverblümt wie sein Spiel auf dem Feld. Trotz seines Weltruhms und der vielen Herausforderungen, die sein Leben und seine Karriere mit sich brachten, blieb er immer ein Mann des Volkes, ein Idol für die Unterdrückten und eine Stimme für die, die keine hatten.

Maradona glaubte fest daran, dass Talent allein nicht ausreicht; es erfordert harte Arbeit, Entschlossenheit und den unerschütterlichen Willen, sich zu verbessern. Er lebte nach dem Motto, dass der Fußball mehr ist als nur ein Spiel – es ist eine Lebenseinstellung, eine Art, Freude, Leid, Sieg und Niederlage auszudrücken.

Er war bekannt für seine außergewöhnliche Loyalität gegenüber Freunden und Teamkameraden und für seinen unermüdlichen Glauben an die Fairness, sowohl auf dem Spielfeld als auch außerhalb davon. Seine Verbundenheit mit seiner Heimatstadt und seine Wurzeln waren unauslöschlich; er trug immer das Gefühl der Demut und Dankbarkeit in sich, das aus seinem bescheidenen Aufstieg herrührte.

Sein Wertesystem spiegelte sich auch in seinem Engagement für

Wohltätigkeitsarbeit und in seiner Unterstützung für die weniger Glücklichen wider. Maradona war sich der Kraft seines Ruhmes bewusst und nutzte seine Plattform oft, um auf soziale Ungerechtigkeiten aufmerksam zu machen und diejenigen zu unterstützen, die Hilfe benötigten.

Für Maradona war Respekt der Grundstein des Lebens – der Respekt vor dem Spiel, den Fans und seinen Gegnern. Er glaubte, dass der Fußball die Macht hat, Barrieren zu überwinden und Menschen unabhängig von ihrer Herkunft zusammenzubringen. Sein Charisma und seine Persönlichkeit auf und neben dem Spielfeld zeigten, wie sehr er sich für die Einheit und den Gemeinschaftssinn einsetzte.

Die Geschichte von Diego Maradona ist somit eine Mischung aus Triumph und Menschlichkeit, eine Erzählung, die uns daran erinnert, dass jeder Mensch – auch ein Superstar – mit Fehlern und Schwächen kämpft. Seine Lebensphilosophie und seine Werte lehren uns, dass wir, unabhängig von unseren Umständen, immer nach Größe streben und versuchen sollten, positiv auf die Welt um uns herum einzuwirken. Sie ermutigen junge Menschen, an sich selbst zu glauben, ihre Leidenschaft zu leben und nie zu vergessen, woher sie kommen und wer sie auf ihrem Weg unterstützt hat

Zusammenfassung

Die Geschichte von Diego Maradona ist nicht nur ein lebendiges Beispiel für außergewöhnliches Talent und unvergessliche sportliche Erfolge, sondern auch ein lehrreiches Porträt menschlicher Komplexität und Resilienz. Sie zeigt uns, dass man unabhängig von seinem Ursprung Größe erreichen kann, dass jedoch der Weg an die Spitze oft mit Herausforderungen gepflastert ist.

Junge Leser können aus Maradonas Leben lernen, dass wahre Leidenschaft und Hingabe essenziell sind, um in jedem Lebensbereich Erfolg zu haben. Maradona selbst war ein unermüdlicher Kämpfer auf dem Spielfeld, dessen Antrieb und Entschlossenheit ihn zu einem der besten Fußballspieler aller Zeiten machten. Diese Leidenschaft ist eine Inspiration dafür, mit

voller Hingabe zu verfolgen, was man liebt, und nie die Hoffnung zu verlieren, auch wenn der Weg schwierig erscheint.

Gleichzeitig erzählt Maradonas Lebensgeschichte von der Bedeutung von Demut und der Bewahrung der eigenen Wurzeln. Trotz seines Ruhms und Erfolgs verlor er nie die Verbindung zu seiner Gemeinde und setzte sich für die benachteiligten Menschen ein. Kinder können hieraus lernen, dass der wahre Charakter einer Person nicht durch ihre Errungenschaften, sondern durch ihr Handeln und ihren Einfluss auf die Gemeinschaft definiert wird.

Sein Lebensweg macht auch deutlich, dass im Leben Fehler passieren und dass diese Fehler – obgleich manchmal schwerwiegend – nicht das Ende des Weges bedeuten müssen. Es ist die Fähigkeit, aufzustehen, weiterzumachen und aus diesen Fehlern zu lernen, die zählt. Maradona selbst hat viele Male gezeigt, dass ein Comeback möglich ist, und diese Resilienz kann jungen Lesern helfen, mit ihren eigenen Rückschlägen umzugehen.

Maradonas Geschichte betont ferner den Wert von Respekt und Fairness. Er verstand, dass im Sport und im Leben Fairplay und gegenseitiger Respekt grundlegend für wahre Erfüllung und dauerhaften Erfolg sind. Diese Lektionen können Kinder dazu inspirieren, diese Werte in ihr eigenes Leben zu integrieren und sie in all ihren Bestrebungen – ob auf dem Fußballfeld oder in der Schule – hochzuhalten.

In der Gesamtschau ist Maradonas Leben ein mächtiges Narrativ über den menschlichen Geist, über Siege und Niederlagen, über die unendliche Kapazität zu wachsen und zu lernen. Für Kinder, die ihre eigenen Träume haben, kann seine Geschichte eine Quelle der Inspiration sein, zu zeigen, dass mit Hingabe, Ausdauer und der richtigen Einstellung nichts unerreichbar ist.

Franz Beckenbauer

(Deutschland)

"Der Schlüssel zum Erfolg ist Kameradschaft und der Wille, für den anderen zu kämpfen."

Kindheit

In einem kleinen Stadtteil von München, umgeben von den lebhaften Klängen begeisteter Fußballfans und den malerischen Grünflächen, die zum Spielen einluden, begann die Geschichte eines Jungen, der eines Tages als "Der Kaiser" bekannt werden sollte. Franz Beckenbauer, der Junge mit den blitzenden Augen und dem unerschütterlichen Willen, hatte schon früh eine Liebe zum Fußball.

Franz wuchs in bescheidenen Verhältnissen auf. Seine Familie hatte nicht viel, aber sie hatten einander und das Spiel, das sie alle liebten. Der Fußball war ihre Freude und ihr Trost, ein einfacher Lederball konnte die Sorgen des Alltags für eine Weile vergessen machen. Franz und seine Freunde spielten auf staubigen Plätzen, in Gassen und auf jedem Stück freien Land, das sie finden konnten. Sie trugen keine schicken Fußballtrikots oder Schuhe, stattdessen improvisierten sie mit dem, was sie hatten – ihre reine Freude am Spiel und ihre Fantasie.

Der junge Franz zeigte bereits in diesen frühen Spielen eine natürliche Begabung. Er bewegte sich mit einer Eleganz und einem Verständnis für das Spiel, das weit über sein jugendliches Alter hinausging. Er konnte das Spiel lesen, wusste, wann er den Ball halten und wann er passen musste, und er hatte eine seltene Gabe: die Führung.

Als Kind träumte Franz davon, für seinen Lieblingsverein, den FC Bayern München, zu spielen. Er verbrachte jede freie Minute damit, sein Können zu verbessern. Die anderen Kinder sahen zu ihm auf, nicht nur weil er ein natürlicher Anführer auf dem Feld war, sondern auch wegen seiner Fähigkeit, sie alle zusammenzuhalten, selbst wenn sie gegen ältere und stärkere Mannschaften spielten.

Eines Tages, als er gerade auf einem der lokalen Felder spielte, wurde ein Mann auf ihn aufmerksam. Der Mann, ein Trainer, sah etwas Besonderes in dem jungen Burschen, der mit solcher Leidenschaft und einem taktischen Verständnis spielte, das man normalerweise nur bei professionellen Spielern sah. Der Trainer wusste, dass Franz etwas Besonderes war, und lud ihn zu einem Probetraining beim FC Bayern München ein.

Dies war der Beginn von etwas Großem, und Franz wusste es. Als er nach Hause rannte, den Fußball unter seinem Arm geklemmt, glühten seine Augen vor Aufregung. "Mama, Papa!" rief er, "Ich wurde zu einem Probetraining eingeladen!" Seine Eltern, die seine Liebe zum Spiel kannten, umarmten ihn stolz und ermutigten ihn, seinem Traum zu folgen.

Die Kindheit von Franz Beckenbauer war geprägt von einfachen Freuden, vom Zusammenhalt der Gemeinschaft und der unerschütterlichen Hoffnung, dass Fußball seine Welt öffnen würde. Und das tat es auch. Mit jedem gekonnten Pass und jedem wohlüberlegten Spielzug auf dem Feld schrieb Franz die ersten Kapitel einer Geschichte, die ihn zu einem der größten Fußballer aller Zeiten machen würde.

Herausforderungen

Als Franz Beckenbauer das erste Mal den Trainingsplatz des FC Bayern München betrat, war das weit mehr als nur ein Schritt auf das grüne Gras – es war der Eintritt in eine neue Welt. Er war umgeben von Jungen, die genauso talentiert waren wie er, vielleicht sogar talentierter in manchen Bereichen. Hier, auf diesem Feld, begannen Franz' Herausforderungen.

Der junge Bursche aus dem Münchner Vorort fühlte sich plötzlich sehr klein. Diese Spieler waren schnell, stark und einige hatten bereits Erfahrung in Jugendnationalmannschaften. Franz spürte den Druck, aber anstatt sich zurückzuziehen, wuchs er über sich hinaus. Er wusste, dass er nicht nur mit seinen Füßen, sondern auch mit seinem Kopf spielen musste, um herauszustechen.

Das Training war hart. Franz hatte nie zuvor eine solche Intensität

erlebt. Die Übungen waren anstrengend und die Trainer forderten Perfektion. Aber das größte Hindernis war die Zweifel. Manchmal, in den ruhigen Momenten allein in seinem Zimmer, fragte sich Franz, ob er wirklich gut genug war, ob sein Traum von einer Fußballkarriere wirklich in Erfüllung gehen konnte.

Dann gab es Verletzungen. Während eines besonders harten Trainings verstauchte Franz sein Knie. Es war ein kleiner Rückschlag, aber es fühlte sich für ihn wie das Ende der Welt an. Doch seine Familie und Freunde waren seine Stütze. Sie erinnerten ihn daran, dass jeder große Spieler Rückschläge erlebt hatte. Franz musste lernen, geduldig zu sein, sich zu erholen und stärker zurückzukommen.

Es gab auch die Herausforderung, sich in die Mannschaft einzufügen. Fußball ist ein Teamsport und Franz musste lernen, seine Mitspieler zu verstehen und zu respektieren, ihre Stärken und Schwächen zu erkennen und mit ihnen als Einheit zu arbeiten. Er begann, seine natürlichen Führungsqualitäten zu entwickeln, ermutigte seine Teamkollegen und lernte, wie wichtig es war, nicht nur ein Spieler, sondern auch ein Teammitglied zu sein.

Die größte Prüfung war jedoch die mentale Herausforderung. Franz lernte, Niederlagen zu akzeptieren und daraus zu lernen. Er verstand, dass Fehler Teil des Lernprozesses waren und dass Entschlossenheit und Willenskraft genauso wichtig waren wie Talent.

Durch all diese Herausforderungen hindurch behielt Franz seinen Traum fest im Blick. Mit jeder Trainingseinheit, jedem Spiel und jedem überwundenen Hindernis schärfte er seine Fähigkeiten und formte seinen Charakter. Diese Prüfungen würden den Jungen aus dem Münchner Vorort zu einem der größten Spieler seines Landes formen und ihm helfen, auf und abseits des Feldes ein wahrer Champion zu werden.

Karriere

Franz Beckenbauers Karriere nahm Gestalt an, als er zum ersten Mal das Trikot des FC Bayern München in einem offiziellen Spiel trug. Dies war der Moment, auf den er all die Jahre hingearbeitet hatte. Der Pfiff des Schiedsrichters war wie eine Fanfare, die den Beginn einer außergewöhnlichen Fußballkarriere ankündigte.

In den frühen Tagen seiner Karriere war Franz ein Wunderkind auf dem Feld, bekannt für seine Eleganz und sein taktisches Verständnis. Er wurde schnell zum Liebling der Fans und zum Vorbild für junge Fußballer. Aber es war nicht nur sein Talent, das ihn auszeichnete; es war seine Art zu führen, seine Fairness und sein unnachgiebiger Geist.

In jedem Spiel, das er spielte, schien Franz das Spiel auf eine Weise zu lesen, die anderen verborgen blieb. Er war ein Stratege, der wusste, wann er verteidigen und wann er die Mannschaft nach vorne führen musste. Seine Pässe waren präzise, seine Tacklings sauber, und sein berühmter "Libero"-Stil revolutionierte die Art, wie Fußball gespielt wurde.

Mit Bayern München gewann Franz zahlreiche Titel, darunter mehrere Bundesliga-Meisterschaften und Pokalsiege. Doch der wahre Höhepunkt seiner Vereinskarriere kam, als er den Verein zu drei aufeinanderfolgenden Europapokalsiegen führte – eine Leistung, die in die Fußballgeschichte einging.

Die Welt nahm Notiz, und so kam es, dass Franz auch international zu einem Star wurde. Seine Auftritte mit der deutschen Nationalmannschaft waren geprägt von derselben Brillanz wie im Verein. Die Fußballweltmeisterschaft 1974 sollte sein größter Triumph werden, als er als Kapitän die deutsche Mannschaft zum Weltmeistertitel führte. Er war nicht nur ein Spieler unter vielen; er war das Herzstück des Teams, der Fels in der Brandung, auf den sich alle verlassen konnten.

Franz' Karriere war jedoch nicht nur von Siegen und Trophäen geprägt. Sie war auch ein Beispiel dafür, wie man mit Würde gewinnt und mit

Anstand verliert. Er war ein Sportsmann durch und durch, der Respekt vor dem Gegner und die Liebe zum Spiel immer über den Wunsch nach persönlichem Ruhm stellte.

Selbst nach seiner aktiven Karriere blieb Franz dem Fußball treu und trug als Trainer und Manager zum Sport bei. Sein Einfluss auf den Fußball und die Art und Weise, wie zukünftige Generationen das Spiel spielen und verstehen würden, war und ist immens.

Kapitel für Kapitel seiner Karriere offenbarte Franz Beckenbauer die Qualitäten, die ihn nicht nur zu einem der größten Fußballer, sondern auch zu einer inspirierenden Persönlichkeit machten, deren Geschichte Kinder und Erwachsene gleichermaßen bewundern und von der sie lernen können.

Lebensphilosophie und Werte

Franz Beckenbauer, liebevoll auch "Der Kaiser" genannt, war nicht nur auf dem Spielfeld eine Legende, sondern auch abseits des Rasens ein Mann mit festen Werten und Prinzipien, die sein Leben und seine Karriere prägten.

Eines der Kernprinzipien, das Franz immer hochhielt, war der Teamgeist. Er glaubte fest daran, dass kein Einzelspieler größer ist als die Mannschaft. Für ihn war das Wohl des Teams immer wichtiger als persönlicher Ruhm. Er führte durch Beispiel und zeigte, dass selbst die talentiertesten Spieler ihre Höchstleistung nur erreichen können, wenn sie im Einklang mit ihren Teamkameraden arbeiten.

Fairness war ein weiterer Wert, den Franz auf und neben dem Platz lebte. Er spielte hart, aber immer fair, und erwartete dasselbe von seinen Mitspielern und Gegnern. Er respektierte die Regeln des Spiels und die Menschen, die es spielten, was ihn zu einem der angesehensten Figuren im internationalen Fußball machte.

Franz hatte auch eine tiefe Liebe zum Spiel, die über den Sieg hinausging. Er sah Fußball als eine Kunstform, die es zu pflegen und zu respektieren galt. Diese Leidenschaft trieb ihn an, immer sein Bestes zu geben und das

Spiel zu genießen, unabhängig von Druck und Erwartungen.

Ein weiterer wichtiger Wert für "Der Kaiser" war die Demut. Trotz all seiner Erfolge und der Bewunderung, die er erntete, blieb Franz bescheiden. Er wusste, dass Erfolg vergänglich sein kann und dass es wichtig ist, geerdet zu bleiben und sich an den Wurzeln zu erinnern. Diese Bescheidenheit erlaubte es ihm auch, nach Niederlagen wieder aufzustehen und aus Fehlern zu lernen.

Franz vermittelte auch die Bedeutung von Führung. Als Kapitän der Nationalmannschaft und des FC Bayern München zeigte er, was es bedeutet, ein wahrer Anführer zu sein: jemand, der vorangeht, aber auch zuhört; jemand, der Verantwortung übernimmt, aber auch Vertrauen in die Fähigkeiten anderer setzt.

Disziplin, sowohl persönlich als auch professionell, war für Franz ein Muss. Er trainierte hart, bereitete sich akribisch auf Spiele vor und achtete auf seine Ernährung und Fitness. Diese Disziplin half ihm, auf höchstem Niveau zu konkurrieren und ein Vorbild für junge Sportler zu sein.

In seinem Leben und in seiner Karriere demonstrierte Franz Beckenbauer die Werte von Teamarbeit, Fairness, Leidenschaft, Demut, Führung und Disziplin. Diese Werte bildeten das Fundament für seine legendären Leistungen und sind ein Vermächtnis, das weit über die Fußballwelt hinaus Bestand hat.

Zusammenfassung

Die Geschichte eines Fußballers wie Franz Beckenbauer, der seine Karriere von bescheidenen Anfängen bis zu weltweitem Ruhm geführt hat, ist mehr als eine Chronik sportlicher Errungenschaften. Sie ist ein Mosaik aus Lebenslektionen, die über den Sport hinausgehen und all diejenigen inspirieren können, die von großen Zielen träumen.

Von solch einer Erzählung können wir lernen, dass Talent allein nicht den

Erfolg bestimmt, sondern dass Beharrlichkeit, Disziplin und die Bereitschaft, kontinuierlich zu lernen und sich zu verbessern, entscheidend sind. Jedes Kapitel der Geschichte eines Fußballers beleuchtet die Tatsache, dass Misserfolge und Rückschläge nicht das Ende einer Ambition bedeuten müssen, sondern vielmehr Stufen auf der Leiter zum Erfolg sein können.

Durch die Leidenschaft, die der Fußballer für sein Spiel zeigt, können wir lernen, wie wertvoll es ist, in dem, was wir tun, aufzugehen und uns voll und ganz zu engagieren. Diese Hingabe ist ansteckend und kann uns motivieren, unsere eigenen Interessen mit ähnlichem Eifer zu verfolgen.

Ein Fußballer, der auf dem Höhepunkt seines Ruhms Demut bewahrt, erinnert uns daran, dass wahre Größe in der Fähigkeit liegt, Erfolg mit Anmut zu tragen und nie die Wurzeln zu vergessen, aus denen man gewachsen ist. Es lehrt uns, Dankbarkeit für jede Unterstützung zu zeigen, die wir auf unserem Weg erhalten, und nie zu vergessen, dass kein Erfolg ausschließlich eigenes Werk ist.

Die Geschichte des Fußballers zeigt auch, wie wichtig Teamarbeit und der Geist der Zusammenarbeit sind. Es verdeutlicht, dass individuelle Brillanz ohne die Unterstützung und die gemeinsamen Anstrengungen eines Teams selten zu langfristigem Erfolg führt. Wir lernen, dass der Beitrag zum größeren Ganzen oft mehr zählt als individuelle Auszeichnungen.

Schließlich kann die Integrität und der Charakter, den ein Fußballer innerhalb und außerhalb des Spielfeldes zeigt, uns dazu anregen, in unseren eigenen Entscheidungen und Handlungen Prinzipientreue und Ethik zu bewahren. Es ist eine Erinnerung daran, dass es im Leben nicht nur darum geht, was man erreicht, sondern auch darum, wie man es erreicht.

Insgesamt bietet die Geschichte eines Fußballers eine universelle Botschaft über die Macht von Beständigkeit, die Bedeutung von Charakter und die Schönheit der Teamarbeit, die jeden von uns inspirieren kann, in unserem eigenen Leben danach zu streben, unser Bestes zu geben und unseren eigenen Weg mit Integrität und Leidenschaft zu gehen.

10

Neymar

(Brasilien)

"Der Ball ist mein Herz, das Feld ist mein Zuhause, und jedes Fußballspiel ist eine neue Geschichte, die ich mit Leidenschaft und Freude schreiben möchte."

Kindheit

In einem kleinen, lebhaften Stadtteil von São Paulo, in einem Land, das vom Rhythmus des Samba und der Leidenschaft für Fußball lebte, begann die Geschichte von Neymar da Silva Santos Júnior. Im Volksmund einfach Neymar genannt, erblickte der Junge, der eines Tages die Fußballwelt verzaubern würde, am 5. Februar 1992 das Licht der Welt.

Sein Vater, Neymar Santos Sr., selbst ein ehemaliger Fußballer, erkannte früh das Flackern eines außergewöhnlichen Talents in den Augen seines Sohnes. Der Fußball war nicht nur ein Spiel für die kleine Familie; er war ihre Hoffnung, ihre Freude und bald auch ihr Schicksal.

Neymars Kindheit war geprägt von dem Dröhnen von Fußbällen gegen die Wand des kleinen Hauses, in dem sie lebten. Er hatte keinen goldenen Käfig aus Trophäen und teuren Spielzeugen, aber er hatte etwas, das viel wertvoller war: eine unerschütterliche Vision und einen Ball an seinen Füßen. Er spielte nicht Fußball, um zu leben – er lebte, um Fußball zu spielen. Jeder Atemzug, jeder Schritt war ein Tanz mit dem Ball.

Statt in prunkvollen Fußballakademien zu trainieren, lernte Neymar auf den staubigen Straßen und den improvisierten Fußballfeldern der Nachbarschaft. Hier, unter der glühenden Sonne Brasiliens, umgeben von anderen Kindern, die von Ruhm träumten, schmiedete Neymar sein Können.

Sein Vater erzählte ihm Geschichten von großen brasilianischen Legenden, von Pelé bis Zico, und mit jedem Wort wuchs Neymars Träume. Er wollte mehr sein als nur ein Fußballspieler; er wollte eine Legende sein, ein Name, der in den Herzen der Menschen lebt, lange nachdem der letzte Pfiff auf dem Feld verklungen ist.

Die Herausforderungen waren vielfältig. Sein Talent zog Neider und Herausforderer an, aber es öffnete auch Türen. Mit elf Jahren trat er dem Jugendprogramm des berühmten FC Santos bei, dem Verein, der einst Pelé zu Weltruhm verholfen hatte. Neymars Fähigkeiten entwickelten sich rasend schnell, seine Dribblings wurden flüssiger, seine Tore spektakulärer. Seine Familie opferte viel, doch sie wussten, dass jede Entbehrung eine Investition in eine Zukunft war, die so strahlend sein könnte wie der Glanz der Weltmeisterschaftstrohphäe.

Und während Neymar wuchs, wuchs auch sein Traum. Jedes Tor, das er erzielte, jedes Spiel, das er gewann, brachte ihn seinem Ziel näher: die Welt zu erobern, nicht mit Stärke, sondern mit dem Versprechen eines Fußballspiels, das so schön ist, dass es die Menschen zum Lächeln bringt, so wie er lächelte, wenn er den Ball an seine Füße nahm.

Dies war die Kindheit eines Jungen, dessen Namen wir heute kennen als Synonym für Freude, Kreativität und das unstillbare Verlangen, auf dem Spielfeld Magie zu erschaffen. Es war eine Kindheit, die lehrt, dass es nicht darauf ankommt, wo man anfängt, sondern was man mit den Gelegenheiten macht, die das Leben einem bietet.

Herausforderungen

Als Neymar in den Jugendmannschaften des FC Santos spielte, war der kleine Junge mit den großen Träumen mit vielen Herausforderungen konfrontiert. Obwohl sein Talent unbestreitbar war, gab es Momente, in denen die Welt zu groß und die Hürden zu hoch zu sein schienen.

Der Druck des Erwartens: Neymars Vater wusste, dass sein Sohn etwas Besonderes war, und mit dieser Überzeugung kam ein gewisser Druck. In jeder Partie, in jedem Training wurde von ihm erwartet, dass er brilliert, dass er die Hoffnungen und Träume seiner Familie und bald eines ganzen Clubs trägt.

Die körperliche Herausforderung: Neymar war oft einer der Kleinsten auf dem Platz. Seine Gegner waren größer und stärker, und sie schonten den jungen Star nicht. Doch was Neymar an physischer Stärke fehlte, machte er durch Geschwindigkeit, Wendigkeit und eine außerordentliche Ballkontrolle wett.

Die finanzielle Belastung: Neymars Familie lebte nicht im Überfluss. Jede Investition in seine Karriere, sei es neue Fußballschuhe oder Reisen zu Spielen, war eine Belastung für das Familienbudget. Die Eltern arbeiteten hart und machten Opfer, um sicherzustellen, dass ihr Sohn jede Möglichkeit hatte, erfolgreich zu sein.

Die Balance zwischen Schule und Fußball: Wie viele junge Athleten kämpfte auch Neymar damit, seine Ausbildung und seine Fußballambitionen in Einklang zu bringen. Er musste lernen, Zeit zu managen und Verantwortung zu übernehmen, während er seinem Traum nachjagte.

Die Versuchung des Ruhms: Mit dem Aufstieg zum Star in der Jugendmannschaft von Santos kamen auch Ablenkungen. Agenten und Sponsoren begannen, um seine Aufmerksamkeit zu buhlen. Es war eine Welt voller Versprechungen und Verlockungen, die leicht einen jungen Spieler überwältigen konnten.

Aber Neymar blieb standhaft. Er nutzte seine Herausforderungen als Ansporn, um härter zu arbeiten und sich weiterzuentwickeln. Sein Vater war sein Fels in der Brandung, der ihn immer wieder daran erinnerte, dass wahre Stärke von innen kommt und dass Talent ohne Disziplin und harte Arbeit vergeudet ist.

In jedem Spiel, mit jedem Ball, den er ins Netz schoss, wuchs Neymars Vertrauen. Die Herausforderungen, die ihn einst riesig erschienen hatten, begannen zu schrumpfen, während er darüber hinauswuchs. Er lernte, dass jedes Nein, das ihm begegnete, einfach ein Ja zu etwas anderem war – zu einer neuen Gelegenheit, zu einem anderen Weg, um seine Ziele zu erreichen.

Neymars Geschichte zeigt, dass der Weg zum Erfolg selten gerade und niemals einfach ist. Doch mit Leidenschaft, Entschlossenheit und dem Willen, aus jedem Rückschlag eine Lektion zu lernen, kann man Hindernisse überwinden und letztlich triumphiert.

Karriere

Neymars Karriere nahm eine atemberaubende Wendung, als er endlich die Chance bekam, in der ersten Mannschaft des FC Santos zu spielen. Jeder, der Neymar auf dem Platz sah, wusste, dass sie Zeugen von etwas Einzigartigem waren. Die Kombination aus seiner blitzschnellen Bewegung, seinem unerschütterlichen Selbstvertrauen und seinem zauberhaften Umgang mit dem Ball ließ die Zuschauer und Spieler gleichermaßen staunen.

Der Beginn einer außergewöhnlichen Reise: Schon in seinem ersten Jahr bei der Profimannschaft von Santos zeigte Neymar eine beeindruckende Leistung, die ihm mehrere Auszeichnungen einbrachte, darunter die des besten jungen Spielers der Liga. Seine Spiele waren ein Spektakel – eine Mischung aus Kunst und Athletik, die die Herzen der Fußballfans höher schlagen ließ.

Der nationale Held: Neymars Talent trug dazu bei, dass sein Team zahlreiche Titel gewann, darunter die prestigeträchtige Copa Libertadores, Südamerikas Äquivalent zur UEFA Champions League. Sein Name wurde in ganz Brasilien bekannt, und er wurde als nationaler Schatz gefeiert. Jedes Kind auf den Straßen wollte Neymar sein, jedes Trikot mit seiner Nummer darauf war im Nu ausverkauft.

Der Sprung nach Europa: Es dauerte nicht lange, bis Neymar die Aufmerksamkeit europäischer Clubs auf sich zog. Der Wechsel zum FC Barcelona war ein Meilenstein in seiner Karriere und brachte neue Herausforderungen und Möglichkeiten mit sich. Er spielte an der Seite von Legenden wie Lionel Messi und trug dazu bei, dass das Team zahlreiche Titel gewann, darunter die Champions League und die spanische

Meisterschaft.

Die Herausforderungen in Europa: Der Wechsel nach Europa bedeutete auch eine Anpassung an einen neuen Lebensstil und einen neuen Spielstil. Neymar musste härter trainieren, sich taktisch weiterentwickeln und gegen die besten Spieler der Welt antreten. Die Erwartungen waren hoch, aber Neymar stieg darüber hinaus und zeigte, dass er einer der besten Fußballer der Welt war.

Die Rekordübertragung: Neymars Wechsel zu Paris Saint-Germain im Jahr 2017 markierte einen weiteren Wendepunkt. Der Transfer erzielte eine Weltrekordsumme und unterstrich Neymars Status als einer der begehrtesten Fußballer auf dem Planeten. In Paris zeigte er weiterhin seine Brillanz auf dem Platz und half dem Club, seine Vorherrschaft in der französischen Liga zu festigen.

Die Rolle als Führungsspieler: Bei PSG wurde Neymar mehr als nur ein Spieler; er wurde ein Führungsspieler, ein Mentor für jüngere Talente und ein Botschafter des Sports. Sein Einfluss reichte weit über das Spielfeld hinaus, und er wurde zu einem Symbol für den modernen Fußball.

Neymars Karriere ist eine Geschichte voller Höhen, Tiefen, spektakulärer Siege und lehrreicher Momente. Sie ist ein lebendiges Beispiel dafür, dass Talent kombiniert mit harter Arbeit und der Bereitschaft, zu lernen und sich anzupassen, zu wahrhaft außergewöhnlichen Erfolgen führen kann. Seine Geschichte zeigt auch, dass wahre Champions nicht nur durch ihre Siege, sondern auch durch ihre Fähigkeit, mit Rückschlägen umzugehen und sich ständig weiterzuentwickeln, definiert werden.

Lebensphilosophie und Werte

Neymar Lebensphilosophie kann man in zwei portugiesischen Wörtern zusammenfassen, die er sogar als Tattoo auf seiner Haut trägt: "Ousadia e Alegria". Diese Ausdrücke bedeuten Wagemut und Freude – und genau das verkörpert Neymar auf und abseits des Spielfelds.

Die Freude am Spiel: Für Neymar war Fußball schon immer mehr als nur ein Spiel; es ist eine Lebensfreude, eine Quelle des Glücks und der Ausdruck seiner Persönlichkeit. Seine spielerische Art auf dem Feld, die Tänze nach einem Tor und sein breites Lächeln zeigen seine reine Liebe zum Spiel. Er spielt Fußball, wie er lebt – voller Freude und Enthusiasmus.

Der Mut zu träumen und zu wagen: Neymar ist nicht jemand, der sich von Angst leiten lässt. Ob es darum geht, auf dem Spielfeld einen kühnen Trick auszuprobieren oder in ein neues Land zu ziehen, um seine Karriere voranzutreiben – Neymar zeigt immer den Mut, neue Herausforderungen anzunehmen und Risiken einzugehen. Er glaubt fest daran, dass man, um außergewöhnlich zu sein, auch außergewöhnliche Schritte wagen muss.

Die Bedeutung der Familie: Trotz seines weltweiten Ruhms hat Neymar nie vergessen, woher er kommt. Die enge Bindung zu seiner Familie und Freunden hält ihn geerdet und erinnert ihn daran, wer er wirklich ist. Seine Werte der Loyalität, Demut und Dankbarkeit spiegeln die starke Beziehung wider, die er zu seinen Liebsten pflegt.

Soziales Engagement: Neymar hat seine Plattform auch genutzt, um Gutes zu tun. Mit seiner eigenen Wohltätigkeitsorganisation, dem Instituto Projeto Neymar, hilft er Kindern und Familien in Not, indem er Bildung, Gesundheit und soziale Chancen bietet. Er glaubt daran, dass jeder, der in der Lage ist zu helfen, auch die Verantwortung hat, es zu tun.

Selbstüberwindung und Weiterentwicklung: Jede Hürde in Neymars Karriere wurde zu einem Sprungbrett für Weiterentwicklung und Selbstverbesserung. Er versteht, dass jeder Fehler eine Gelegenheit ist zu lernen, und dass ständiges Streben nach Verbesserung der Schlüssel zum Erfolg ist.

Neymar Geschichte ist ein fesselndes Beispiel dafür, wie Werte und Philosophie das Leben eines Menschen gestalten können. Seine Geschichte lehrt junge Menschen, dass man mit Freude und Mut im Herzen und dem Willen, hart zu arbeiten und sich selbst treu zu bleiben, alles erreichen kann. Es ermutigt sie, groß zu träumen, aber auch die Bedeutung von Demut und sozialem Engagement nicht zu vergessen. Durch Neymars Augen sehen wir, dass der wertvollste Preis nicht immer ein gewonnenes Spiel oder ein erzielter Treffer ist, sondern die Freude, die man empfindet, und der Unterschied, den man im Leben anderer macht.

Zusammenfassung

Die Geschichte von Neymar Jr. ist eine Quelle der Inspiration, die weit über die Grenzen des Fußballplatzes hinausgeht. Sein Aufstieg von den bescheidenen Anfängen in Brasilien zu einem der weltweit anerkanntesten Fußballstars vermittelt eine klare Botschaft: Unabhängig von den Umständen, in denen man aufwächst, kann man mit Leidenschaft, Engagement und einem unerschütterlichen Willen zum Erfolg gelangen.

Leidenschaft als Wegweiser: Neymars tief verwurzelte Liebe zum Fußball ist der Treibstoff, der ihn durch schwierige Zeiten trägt. Er lehrt uns, dass, wenn wir das, was wir tun, mit Freude und Leidenschaft angehen, wir die Energie und die Ausdauer aufbringen können, um unsere Träume zu verwirklichen.

Mut zur Veränderung: Seine Bereitschaft, Risiken einzugehen und Veränderungen zu akzeptieren, zeigt, dass wahrer Erfolg oft erfordert, aus der Komfortzone herauszutreten. Sein Beispiel kann jeden inspirieren, sich neuen Herausforderungen zu stellen und das Unbekannte zu umarmen.

Bedeutung der Wurzeln: Trotz seines globalen Ruhms erinnert Neymar ständig daran, wie wichtig es ist, sich an seine Wurzeln und die Menschen, die ihn unterstützt haben, zu erinnern. Diese Bescheidenheit und das Bewusstsein für seine Herkunft vermitteln die Botschaft, dass man nie vergessen sollte, woher man kommt, egal wie weit man es im Leben bringt.

Soziale Verantwortung: Durch sein Engagement für wohltätige Zwecke setzt Neymar ein Beispiel dafür, wie wichtig es ist, der Gemeinschaft etwas zurückzugeben. Seine Bemühungen abseits des Spielfeldes zeigen, dass Erfolg auch eine Plattform sein kann, um anderen zu helfen und positive Veränderungen in der Gesellschaft zu bewirken.

Fortlaufendes Wachstum: Neymars Karriere zeugt davon, dass Stillstand

der Feind des Fortschritts ist. Er betont die Notwendigkeit, aus Fehlern zu lernen und sich kontinuierlich zu verbessern, was ein wertvoller Grundsatz für jedermann ist, unabhängig von seinem Beruf oder seinen Zielen.

In der Summe präsentiert Neymars Leben wertvolle Lehren für Menschen jeden Alters. Sein Beispiel motiviert zu einem Leben voller Hingabe und Zielstrebigkeit, zeigt die Wichtigkeit von Wurzeln und Gemeinschaft und demonstriert, dass wahrer Erfolg mehr beinhaltet als Titel und Trophäen – es geht darum, sich selbst treu zu bleiben und einen positiven Einfluss auf die Wel

Paolo Maldini

(Italien)

"Du musst Verluste wie Siege akzeptieren; mit Würde und ohne sich zu beschweren."

Kindheit

Paolo Maldini, ein Name, der auf den Fußballfeldern Italiens widerhallt wie ein Ruf der Ehre und des Mutes. Doch bevor er zu einem der größten Verteidiger aller Zeiten wurde, war Paolo ein Junge mit leuchtenden Augen und einem unstillbaren Hunger nach dem Ball.

Geboren in eine Familie, in der Fußball mehr als nur ein Spiel war – es war eine Leidenschaft, die durch die Adern seines Vaters, Cesare Maldini, floss, der selbst für den italienischen Riesen A.C. Milan und die Nationalmannschaft spielte –, war es kein Wunder, dass Paolo die Liebe zum runden Leder schon früh entdeckte.

In den Kopfsteinpflasterstraßen von Mailand, wo der junge Paolo oft mit seinen Freunden kickte, war jeder Schuss, jeder Pass und jeder getäuschte Gegenspieler nicht nur ein Moment des Spiels, sondern eine Lektion des Lebens. Die Straßen waren sein erstes Spielfeld, das Echo des Ballgeklopfs seine erste Fußballhymne. Paolo lernte schnell, dass Talent allein nicht genug war; es brauchte Disziplin, Hingabe und vor allem Teamgeist, um wahrhaft zu glänzen.

Sein Vater, stets ein Vorbild und Mentor, lehrte ihn, dass Fußball zwar Wettbewerb bedeutete, aber auch Respekt vor den Mitspielern und Gegnern. "Behandle den Ball wie deinen Freund", pflegte Cesare zu sagen, "und denke immer an das Wohl des Teams vor deinem eigenen Ruhm."

Als Junge schaute Paolo zu den Sternen auf und träumte davon, wie sein Vater für A.C. Milan zu spielen. Er wusste, es würde ein langer Weg sein, voller Herausforderungen und Hürden. Doch seine Entschlossenheit war so stark wie sein Wille, den Ball zu erobern. Mit jedem Dribbling auf den staubigen Straßen Mailands malte Paolo in seiner Fantasie das Bild einer

Zukunft, in der er das rote und schwarze Trikot trug und die Massen mit seinen Verteidigungskünsten in Ehrfurcht versetzte.

Seine Kindheit war eine Zeit der Träume, aber auch des harten Trainings. Er verstand, dass jedes Spiel, ob auf der Straße oder im Jugendclub, eine Chance war, besser zu werden, seine Fähigkeiten zu schärfen und seinen Charakter zu formen. Mit jedem Tag, der verging, wuchs Paolos Liebe zum Spiel, und mit ihr der Traum, in die Fußstapfen seines Vaters zu treten und die Familie Maldini als Fußballlegende fortzuführen.

Und während die Sonne über den Dächern von Mailand unterging, konnte man den jungen Paolo immer noch hören, wie er den Ball gegen die alte Mauer dribbelte, entschlossen, die Welt des Fußballs zu erobern, ein Tor nach dem anderen.

Herausforderungen

Paolo war nicht nur ein Traumtänzer, der in den Straßen von Mailand Fußball spielte; er war ein Junge, der lernte, was es bedeutet, für seine Ziele zu kämpfen. Sein Vater hatte ihm gesagt, dass das Leben wie Fußball sei – es gab Momente des Triumphs und Zeiten der Niederlagen, aber das Wichtigste war, niemals aufzugeben.

Als er dem Jugendakademie-Team von A.C. Milan beitrat, stand Paolo vor einer ganz neuen Art von Herausforderung. Die Konkurrenz war hart; Jungen aus ganz Italien, alle mit demselben leuchtenden Stern der Hoffnung in ihren Augen, kämpften um einen Platz in der Mannschaft. Paolo war nicht mehr der beste Spieler auf dem Feld, und das war eine harte Realität, mit der er fertig werden musste.

Es gab Tage, an denen Paolo nach einem harten Training nach Hause kam, seine Fußballschuhe in die Ecke warf und sich fragte, ob er jemals gut genug sein würde, um seinen Traum zu verwirklichen. Aber es waren die Worte seines Vaters, die ihn immer wieder aufbauten: "Die wahre Stärke eines Spielers zeigt sich nicht, wenn er gewinnt, sondern wie er sich nach einer Niederlage zurückkämpft."

In diesen Jahren lernte Paolo, was es bedeutet, sich durchzusetzen. Er musste schneller, stärker und klüger werden als die anderen. Er verbrachte zusätzliche Stunden auf dem Trainingsfeld, übte seine Pässe und verbesserte seine Abwehrtechniken. Er studierte die Spiele der Profis, lernte ihre Bewegungen und ihre Strategien.

Aber es waren nicht nur die körperlichen Herausforderungen, die Paolo überwinden musste. Er musste auch lernen, mit dem Druck umzugehen, der Last der Erwartungen, die auf seinen jungen Schultern lasteten. Die Leute flüsterten seinen Namen zusammen mit dem seines berühmten Vaters, und das Gewicht dieses Erbes war manchmal erdrückend.

Doch Paolo ließ sich davon nicht unterkriegen. Er nutzte es als Motivation, als Treibstoff für sein Feuer. Mit jedem Ball, den er abfing, mit jedem Spiel, das er dominierte, bewies er sich und der Welt, dass er seinen Platz in der Welt des Fußballs verdiente.

Und so, mit einem unerschütterlichen Glauben an sich selbst und einer unvergleichlichen Hingabe, wuchs Paolo Maldini heran – nicht nur als Fußballspieler, sondern auch als Mensch. Mit jeder Hürde, die er überwand, wurde sein Traum ein Stück realer, bis der Tag kam, an dem er das Feld für die erste Mannschaft von A.C. Milan betrat, bereit, seine Geschichte als einer der größten Fußballer, die das Spiel je gesehen hat, zu beginnen.

Karriere

Paolo Maldinis Karriere begann wie der erste Sonnenstrahl, der am Morgen den Horizont küsst – leise, aber voller Versprechen. Der Tag, an dem er das erste Mal das Trikot von A.C. Milan für ein offizielles Spiel trug, war der Tag, an dem sein Traum Wirklichkeit wurde. Doch das war erst der Anfang seiner Reise.

Paolo trat als junger Verteidiger in die Fußstapfen der Legenden des italienischen Fußballs. Die Fans und Kritiker beobachteten ihn genau, fragten sich, ob er das Talent seines Vaters geerbt hatte. Die ersten Spiele waren für Paolo eine Bewährungsprobe, jeder Pass und jeder Tackling wurden analysiert und bewertet. Aber Paolo war bereit. Er hatte für diesen

Moment hart gearbeitet, hatte gelernt, unter Druck ruhig und konzentriert zu bleiben.

Mit jeder Spielminute, die verstrich, zeigte Paolo, dass er nicht nur den Namen seines Vaters teilte, sondern auch seine Liebe zum Spiel und sein Talent. Seine Bewegungen auf dem Spielfeld waren präzise, seine Entscheidungen klug und sein Einsatz unbeirrbar. Mit einer Mischung aus Anmut und Stärke stoppte er gegnerische Stürmer, die doppelt so viele Erfahrungen hatten wie er, und bald begannen die Zweifler zu schweigen.

Der Wendepunkt in Paolos Karriere kam, als er sein erstes Tor für Milan schoss – ein Kopfballtor, das das Ergebnis eines Spiels entschied. Es war mehr als nur ein Tor; es war ein Symbol für seinen Aufstieg, ein Zeichen dafür, dass er ein Eckpfeiler der Mannschaft war. Von da an war Paolo nicht mehr nur der Sohn seines Vaters, sondern ein Held für die Rossoneri, die stolzen Fans von Milan.

In den Jahren, die folgten, sammelte Paolo Erfolge wie Sterne am Himmel. Meisterschaften, nationale Pokale und sogar die begehrte UEFA Champions League-Trophäe konnte er mehrfach in den Händen halten. Er wurde bekannt für seine Fähigkeit, das Spiel zu lesen, seine Fairness auf dem Platz und seine Loyalität gegenüber seinem Verein.

Paolos Karriere bei Milan spannte sich über zwei Jahrzehnte, und in dieser Zeit wurde er zum Sinnbild von Professionalität und Hingabe. Er trug das Kapitänsband mit Stolz und führte seine Mannschaft mit der Gelassenheit eines erfahrenen Anführers.

Als er sich schließlich vom aktiven Sport zurückzog, tat er dies als einer der am meisten respektierten und verehrten Spieler in der Geschichte des Fußballs. Sein Name war nicht nur in den Annalen von A.C. Milan verewigt, sondern auch in den Herzen von Fußballfans auf der ganzen Welt. Paolos Karriere war mehr als eine Ansammlung von Spielen und Toren; es war eine Reise voller Leidenschaft, Hingabe und unwiderlegbarer Größe.

Lebensphilosophie und Werte

Als Paolo Maldini das Fußballfeld betrat, war es, als würde er eine unsichtbare Rüstung der Prinzipien und Werte anlegen, die ihn nicht nur zu einem hervorragenden Spieler, sondern auch zu einem vorbildlichen Menschen machten. Seine Lebensphilosophie war einfach, aber tiefgründig und formte ihn sowohl auf als auch abseits des Platzes.

Die Bedeutung von Teamarbeit: Für Paolo war Fußball immer ein Teamsport. Er glaubte fest daran, dass der Erfolg einer Mannschaft nicht von einzelnen Superstars abhängt, sondern von der Einheit und dem Zusammenhalt des gesamten Teams. Er wusste, dass jeder Spieler, ob im Rampenlicht oder im Schatten, eine entscheidende Rolle spielt. Diese Überzeugung zeigte er bei jedem Spiel, indem er seine Teamkollegen unterstützte und ihnen half, ihr Potenzial zu entfalten.

Respekt als Grundlage: Paolo lebte und spielte mit einem tiefen Respekt vor anderen – vor seinen Mitspielern, Gegnern, Trainern und Fans. Er verstand, dass Respekt die Grundlage jeder positiven Beziehung ist, und zeigte dies durch faire Spielweise und sportschuldiges Verhalten. Selbst in den hitzigsten Momenten bewahrte er die Ruhe und zeigte Respekt, indem er niemals zu unsportlichen Taktiken griff.

Disziplin und Hingabe: Maldini wusste, dass Talent allein nicht ausreicht, um an der Spitze zu bleiben. Er war bekannt für seine strenge Trainingsroutine und seine Hingabe, sich ständig zu verbessern. Selbst nachdem er zahlreiche Titel gewonnen hatte, blieb er bescheiden und arbeitsam. Er war der erste, der zum Training kam und oft der letzte, der ging, ein lebendes Beispiel dafür, dass harte Arbeit und Disziplin der Schlüssel zum Erfolg sind.

Loyalität und Integrität: In einer Zeit, in der Spieler häufig die Vereine wechselten, blieb Paolo seinem Club A.C. Milan über zwei Jahrzehnte lang treu. Diese Loyalität ging über den Sport hinaus; sie war ein Spiegelbild seiner persönlichen Integrität. Er zeigte, dass wahre Zugehörigkeit und

Verpflichtung nicht durch Verträge, sondern durch das Herz bestimmt werden.

Lebenslanges Lernen: Trotz seines Ruhms und seiner Erfolge blieb Paolo ein lebenslanger Lerner. Er war offen für neue Ideen, bereit, von anderen zu lernen, und ständig bestrebt, sich als Spieler und Mensch zu verbessern. Er sah Herausforderungen als Gelegenheiten, und Fehler als Lektionen.

Diese Werte waren die Säulen von Paolo Maldinis Leben und Karriere. Sie halfen ihm, nicht nur auf dem Feld, sondern auch im Leben Erfolge zu erzielen. Seine Philosophie war ein Vorbild für alle, die davon träumten, nicht nur im Fußball, sondern in jedem Aspekt des Lebens zu glänzen. Paolo Maldinis Geschichte lehrt, dass Erfolg vielmehr mit Charakter und Prinzipien verbunden ist als mit dem Ergebnis auf der Anzeigetafel.

Zusammenfassung

Die Geschichte von Paolo Maldini ist ein leuchtendes Beispiel dafür, wie man auf und neben dem Platz mit Anmut und Integrität führen kann. Sie zeigt uns, dass die wahren Champions des Lebens nicht unbedingt die sind, die ständig im Rampenlicht stehen, sondern diejenigen, die konsequent an ihren Werten festhalten und diese in jedem Aspekt ihres Lebens zum Ausdruck bringen.

Von Maldini können wir lernen, dass Erfolg nicht nur eine Frage von individuellem Talent oder persönlicher Anerkennung ist, sondern auch von der Fähigkeit, als Teil eines Teams zu arbeiten und andere zu inspirieren und zu fördern. Sein tief verwurzelter Respekt für Menschen zeigt, wie wichtig es ist, jedem gegenüber, mit dem wir interagieren, Achtung und Höflichkeit entgegenzubringen.

Seine Disziplin und Hingabe zum Sport lehren uns, dass man um wirklich Meisterschaft zu erreichen, kontinuierliche Anstrengung und die Bereitschaft, hart zu arbeiten, erforderlich sind. Loyalität und Integrität in seinem beruflichen wie persönlichen Leben machen deutlich,

dass wahre Zufriedenheit und Erfolg aus dem tiefen Gefühl des Verpflichtetseins und der Treue gegenüber den von uns gewählten Pfaden entstehen.

Und schließlich zeigt uns Maldinis lebenslanges Lernen, dass wir niemals aufhören sollten, uns selbst herauszufordern, zu wachsen und aus unseren Erfahrungen zu lernen. Wir können inspiriert werden, eine ähnliche Einstellung in unserem eigenen Leben anzunehmen, uns immer zu verbessern, unsere eigenen Herausforderungen anzunehmen und stets bereit zu sein, Neues zu lernen.

Insgesamt ist die Geschichte von Paolo Maldini ein inspirierender Hinweis darauf, dass, während Fähigkeiten und Erfolge vergänglich sein können, die Werte und Prinzipien, die wir wählen, um unser Leben zu führen, das sind, was unser Vermächtnis und unseren wahren Einfluss auf die Welt definieren. Sie lädt junge Leser und Zuhörer ein, über den unmittelbaren Glanz des Sieges hinauszublicken und zu erkennen, dass Charakter, Teamgeist und lebenslange Hingabe die eigentlichen Markenzeichen eines erfolgreichen Lebens sind.

Manuel Neuer

(Deutschland)

"Träume nicht dein Leben, sondern lebe deinen Traum."

Kindheit

In einem kleinen Dorf in Deutschland, wo die Felder weit und grün waren und der Himmel scheinbar keine Grenzen kannte, wuchs ein Junge namens Manuel Neuer auf. Manuel war nicht wie die anderen Kinder; er hatte einen Traum, der so groß war, dass er selbst den weitesten Himmel durchqueren konnte. Dieser Traum war es, eines Tages Torwart für ein großes Fußballteam zu werden.

Manuel war schon immer fasziniert von Fußbällen. Als er gerade einmal vier Jahre alt war, bekam er seinen ersten richtigen Fußball. Von diesem Tag an war er unzertrennlich von diesem kugelrunden Gefährten. Er trat ihn im Hinterhof seines Elternhauses, auf den staubigen Straßen des Dorfes und sogar im Haus, sehr zum Leidwesen seiner Mutter, die ständig hinter ihm herwischen musste.

Aber was Manuel wirklich auszeichnete, war seine Liebe zum Torwartspiel. Während andere Kinder davon träumten, das nächste große Tor zu schießen, stand Manuel im Tor, die Ärmel seines zu großen Trikots hochgekrempelt, die Augen fest auf den Ball gerichtet. Seine Klassenkameraden waren beeindruckt von seiner Fähigkeit, selbst den schnellsten Ball zu stoppen. Sie nannten ihn "Die Wand", weil kaum ein Ball an ihm vorbeikam.

Obwohl er talentiert war, war der Weg nicht einfach. Manuels Familie hatte nicht viel Geld, und professionelles Training war teuer. Aber seine Eltern sahen seine Leidenschaft und opferten sich, um ihm Torwarthandschuhe zu kaufen und ihn zum Training zu fahren.

Manchmal, wenn Manuel nachts im Bett lag und dem Wind zuhörte, der an seinem Fenster rüttelte, fragte er sich, ob sein Traum zu groß war. Aber dann erinnerte er sich an die Worte seines Vaters: "Wenn du an dich glaubst und hart arbeitest, kann jeder Traum wahr werden." Diese Worte waren wie ein warmer Mantel, der ihn in kalten Nächten umhüllte.

Mit jedem Spiel wurde Manuel besser. Er war nicht nur ein Hüter des Tores, sondern auch ein Anführer auf dem Feld. Seine Mitspieler schauten zu ihm auf, wenn das Spiel hart wurde, denn sie wussten, dass Manuel niemals aufgeben würde.

Seine Kindheit war gefüllt mit unzähligen Stunden des Trainings, mit Kameradschaft und mit Spielen, die in letzter Minute gewonnen oder verloren wurden. Jedes Spiel lehrte ihn eine neue Lektion über Geduld, Entschlossenheit und den Wert von Teamarbeit.

Diese Tage legten den Grundstein für den Mann, den er eines Tages werden sollte: nicht nur ein Torwart, sondern ein Symbol für Beharrlichkeit und den Glauben daran, dass Träume, egal wie groß, mit genug Leidenschaft und Hingabe erreicht werden können.

Herausforderungen

Als Manuel Neuer älter wurde, wuchsen auch die Herausforderungen. Er war kein kleiner Junge mehr, der in seinem Dorf Fußbälle fing; er war ein aufstrebender Torwart, der um einen Platz in einer renommierten Jugendakademie kämpfte. Doch trotz seines Talents und seiner harten Arbeit musste Manuel erkennen, dass Talent allein nicht immer genug ist.

Es gab Zeiten, in denen Manuel sich fragte, ob er den richtigen Weg eingeschlagen hatte. Er musste früh aufstehen, um vor der Schule zu trainieren, und nachmittags wieder aufs Feld, während andere Kinder frei spielen konnten. Manchmal war er müde, manchmal waren seine Muskeln schmerzhaft von den Strapazen des Trainings. Es gab Tage, an denen die Bälle einfach nicht so fliegen wollten, wie er es wollte, und Spiele, bei denen er das Gefühl hatte, nicht sein Bestes gegeben zu haben.

Dann gab es die Kritiker, die sagten, er sei nicht groß genug, nicht stark genug, nicht schnell genug. "Torwart? Du?", spotteten sie.

Aber Manuel ließ sich davon nicht beirren. Er erinnerte sich an die Worte seines Vaters und nutzte den Zweifel der Anderen als Antrieb, um härter zu arbeiten und sich zu verbessern.

Eines Tages, während eines entscheidenden Spiels, geschah es. Manuel stand im Tor, bereit und wachsam, als der gegnerische Stürmer auf ihn zustürmte. Der Ball wurde geschossen, hart und schnell, ein Geschoss, das auf das Tor zuflog. Manuel sprang, seine Hand streckte sich aus, so weit sie konnte, und – er hielt den Ball! Das Stadion, das bis dahin mit Spannung geladen war, explodierte in Jubel. In diesem Moment wusste Manuel, dass all die Mühen und Opfer es wert waren.

Diese Prüfung war mehr als nur ein gehaltener Ball; sie war ein Symbol für Manuels Entschlossenheit und Willenskraft. Es war der Moment, in dem er von einem Jungen, der davon träumte, Torwart zu sein, zu einem wurde, der es wirklich konnte. Jedes Mal, wenn er entmutigt war, erinnerte er sich an diesen gehaltenen Ball, der bewies, dass er es konnte.

Die Herausforderungen formten den jungen Manuel in den Sportler und Menschen, der er werden sollte. Sie lehrten ihn, dass Rückschläge nicht das Ende bedeuten, sondern Chancen sind, aus Fehlern zu lernen und sich zu verbessern. Mit jedem gehaltenen Ball, mit jeder überwundenen Hürde wuchs in Manuel nicht nur das Vertrauen in seine Fähigkeiten, sondern auch die Erkenntnis, dass wahre Stärke von innen kommt und dass wahre Champions nicht dadurch entstehen, dass sie nie fallen, sondern dadurch, dass sie immer wieder aufstehen.

Karriere

Manuel Neuers Weg vom jungen Träumer zum professionellen Torhüter war nicht nur ein Weg des Trainings und des Wettbewerbs, sondern auch ein Weg der Selbstentdeckung und des persönlichen Wachstums. Als er schließlich den Sprung in die professionelle Welt schaffte, wurde er nicht nur wegen seiner beeindruckenden Reaktionsschnelligkeit und seiner Fähigkeit, Bälle aus dem Tor zu halten, bewundert, sondern auch wegen seiner außergewöhnlichen Fähigkeit, das Spiel zu lesen und als eine Art

Feldspieler zu agieren. Diese Fähigkeit brachte ihm den Spitznamen "Sweeper-Keeper" ein.

Manuels erstes großes Spiel in einem professionellen Team wird vielen in Erinnerung bleiben. Die Spannung war greifbar, als er das Feld betrat, seine Handschuhe fest zog und seine Position zwischen den Pfosten einnahm. Die Zuschauer konnten die Nervosität in seinen Augen sehen, aber sie sahen auch Entschlossenheit. Als das Spiel begann, war Manuel überall auf dem Platz – er kommunizierte mit seinen Verteidigern, dirigierte das Spiel und war immer bereit, sich in den Weg des Balls zu werfen.

Die Saison war lang und hart, und Manuel erlebte Höhen und Tiefen. Es gab Spiele, die er nicht gewinnen konnte, und Fehler, die er gemacht hatte. Aber mit jedem Spiel lernte er etwas Neues. Er lernte, seine Emotionen zu kontrollieren, seine Konzentration zu schärfen und seine Technik zu verfeinern. Und mit der Zeit wurde aus dem jungen, unsicheren Torwart ein Anführer auf dem Spielfeld.

Sein wohl beeindruckendster Moment kam während eines entscheidenden internationalen Spiels. Seine Mannschaft führte knapp, aber die Gegner drängten hart auf den Ausgleich. In den letzten Minuten des Spiels schien ein gegnerischer Stürmer frei durchzukommen. Er lief auf Manuel zu, der einzigen Barriere zwischen dem Ball und dem Tor. In einem atemberaubenden Moment, der sich wie in Zeitlupe anfühlte, stürzte Manuel sich dem Ball entgegen. Mit einer atemberaubenden Parade hielt er den Schuss und sicherte seiner Mannschaft den Sieg. Seine Mitspieler stürmten auf ihn zu, und zusammen feierten sie den triumphalen Moment.

Dieses Spiel war der Wendepunkt in Manuels Karriere. Er war nicht mehr nur ein Torwart; er war ein Held, ein Vorbild für junge Fußballfans überall. Er zeigte, dass Mut, Hingabe und die Bereitschaft, hart zu arbeiten, zu Erfolg führen können. Seine Karriere ging weiter bergauf, und er gewann zahlreiche Auszeichnungen und Trophäen, darunter den prestigeträchtigen Titel des besten Torwarts der Welt.

Doch trotz all des Ruhms und der Anerkennung blieb Manuel

demütig und erinnerte sich immer an die Lektionen, die er auf seinem Weg gelernt hatte. Er wusste, dass jedes Spiel, jeder Ball, der auf sein Tor kam, eine neue Herausforderung darstellte. Und er war bereit, diese Herausforderungen mit der gleichen Entschlossenheit und Leidenschaft anzunehmen, mit der er als kleiner Junge in seinem Heimatdorf Fußbälle gefangen hatte.

Lebensphilosophie und Werte

In einem Land, wo der Fußball das Herz jedes Festes ist, wuchs Manuel Neuer auf und lernte früh, dass Talent allein nicht ausreicht. Er verstand, dass die wahre Stärke aus dem Herzen kommt, aus der Leidenschaft und dem Willen, hart zu arbeiten, um seine Träume zu verwirklichen. "Die größte Parade ist, niemals aufzugeben," sagte er oft zu jungen Fußballern, die zu ihm aufblickten.

Er sprach von Teamarbeit, nicht nur auf dem Feld, wo das Zusammenspiel essentiell ist, sondern auch im Leben, wo die Familie, Freunde und die Gemeinschaft wertvolle Mitspieler sind. "Ein Spiel gewinnt man nicht allein," erklärte er, "und das Leben ist das größte Teamspiel von allen."

Manuel legte großen Wert auf Bescheidenheit und Dankbarkeit. Er wusste, dass jedes Kompliment, jede Ehrung, eigentlich die Frucht der Arbeit vieler ist. "Hinter jedem gefangenen Ball stehen hundert verpasste und ebenso viele trainierte," pflegte er zu sagen, um daran zu erinnern, dass hinter jedem Erfolg auch Fehler und Lernmomente stehen.

Respekt war ein weiteres Schlüsselelement in Manuels Philosophie. Er behandelte jeden Gegenspieler, jeden Teamkameraden und jeden Fan mit dem gleichen Respekt, egal ob es ein Weltklasse-Stürmer oder ein junger Fan auf der Suche nach einem Autogramm war. "Respekt im Spiel und im Leben bringt Respekt zurück," war eine seiner Botschaften, die er in der Welt des Fußballs und darüber hinaus verbreitete.

Ein großes Herz zu haben bedeutete für Manuel auch, denen zu helfen, die es nötig hatten. Er war aktiv in wohltätigen Organisationen, spendete Zeit und Geld und zeigte, dass ein Champion nicht nur durch seine Trophäen definiert wird, sondern durch die Liebe und Hilfe, die er anderen gibt.

"Das schönste Tor ist, ein Lächeln auf das Gesicht eines anderen zu zaubern," sagte er einmal. Und das tat er – nicht nur durch seine Spiele, sondern auch durch seine Aktionen außerhalb des Stadions.

Manuel Neuer lehrte junge Menschen, dass, egal wie weit man es im Leben bringt, man niemals vergessen sollte, woher man kommt und wer einem auf dem Weg geholfen hat. Mit jeder Parade, jedem Spiel und jeder Interaktion mit Fans zeigte er, dass Fußball und das Leben untrennbar verbunden sind durch die Werte, die wir leben und weitergeben.

Zusammenfassung

Die Geschichte von Manuel Neuer ist nicht nur die eines talentierten Fußballers, sondern auch die eines Menschen, der sich durch Integrität, Resilienz und Gemeinschaftssinn auszeichnet. Seine Reise bietet zahlreiche Lektionen für uns alle – nicht nur für diejenigen, die von einer Karriere im Sport träumen.

Von Manuel können wir lernen, dass Talent zwar eine Tür öffnen kann, aber erst harte Arbeit und Entschlossenheit diese Tür auch offen halten. Neuer demonstriert, dass die wahre Meisterschaft nicht nur in den Stunden des Triumphs liegt, sondern auch in den vielen Stunden des unermüdlichen Trainings und der Vorbereitung, die der Öffentlichkeit verborgen bleiben.

Seine Geschichte zeigt uns auch, dass Erfolg ein Teamwerk ist. Es ist die Summe vieler Bemühungen – von Trainern, Mitspielern, Familienmitgliedern und der unterstützenden Gemeinschaft. Diese Erkenntnis fördert Demut und Dankbarkeit und lehrt uns, unseren Erfolg mit denen zu teilen, die uns auf unserem Weg unterstützt haben.

Manuels Respekt vor seinen Mitmenschen, egal ob Freund oder Wettbewerber, und sein Engagement für soziale Ursachen, lehren uns, dass

wahrer Erfolg über persönliche Leistungen hinausgeht und sich in der positiven Wirkung widerspiegelt, die wir auf das Leben anderer haben. Seine Beteiligung an wohltätigen Zwecken erinnert uns daran, dass wir, unabhängig von unserem Status, die Verantwortung haben, zur Gesellschaft beizutragen und die Welt um uns herum zu verbessern.

Manuel Neuers Lebensgeschichte ist eine Inspiration, dass wir, egal auf welchem Spielfeld wir uns befinden, unsere Werte hochhalten und niemals vergessen sollten, wo wir herkommen und wer uns geholfen hat, unsere Träume zu verwirklichen. Wir können inspiriert werden, Großzügigkeit zu üben, sowohl im Erfolg als auch im Scheitern, und zu erkennen, dass das größte Ziel darin besteht, anderen mit Freundlichkeit und Unterstützung zu begegnen.

Durch seine Taten, sowohl auf dem Fußballfeld als auch außerhalb, lehrt uns Manuel Neuer, dass es in jedem von uns die Kraft gibt, nicht nur unsere eigenen, sondern auch die Träume anderer wahr werden zu lassen.

Erling Haaland

(Norwegen)

"Der Hunger zu gewinnen, muss stärker sein als die Angst zu verlieren."

Kindheit

In einem kleinen norwegischen Städtchen, umgeben von malerischen Bergen und klaren Seen, begann die Geschichte eines Jungen, der die Fußballwelt im Sturm erobern sollte. Erling Haaland, der als Sohn eines Profifußballers und einer Leichtathletin geboren wurde, schien das Talent für Sport in seinen Genen zu tragen.

Erling war ein fröhliches Kind mit einem ansteckenden Lachen und einer Energie, die niemals zu enden schien. Schon früh zeigte er eine Leidenschaft für den Fußball. Mit einem Ball, der fast so groß war wie er selbst, übte er stundenlang in seinem Hinterhof, wobei er sich vorstellte, er würde in den größten Stadien der Welt Tore schießen.

Sein Vater, der oft sein Trainer und größter Fan war, erkannte Erlings natürliche Fähigkeit und förderte sie liebevoll. Sie verbrachten viele Nachmittage damit, Pässe zu üben, zu dribbeln und Tore zu schießen, wobei Erling nie aufhörte, Fragen zu stellen und zu lernen.

Doch Erling war nicht nur auf dem Fußballplatz talentiert. Er war auch ein abenteuerlustiges Kind, das die Natur liebte. Er und seine Freunde bauten Hütten im Wald, fuhren Rad und schwammen in den Seen. Diese Abenteuer gaben ihm nicht nur körperliche Kraft, sondern auch Unabhängigkeit und eine tiefe Liebe zur Heimat.

In der Schule war Erling bekannt für seinen Witz und seinen Ehrgeiz. Er war ein hervorragender Schüler, der genauso hart arbeitete, wie er spielte. Seine Lehrer und Mitschüler waren beeindruckt von seiner Fähigkeit, seine sportlichen Ambitionen mit akademischen Verpflichtungen in Einklang zu bringen.

Als er für seine erste Jugendmannschaft spielte, war es offensichtlich, dass er anders war. Er war größer und stärker als die meisten Kinder seines Alters und hatte einen natürlichen Instinkt, der ihn stets zur richtigen Zeit am richtigen Ort sein ließ. Aber es war nicht nur seine körperliche Präsenz, die ihn hervorstechen ließ; es war seine Entschlossenheit. Wenn er fiel, stand er wieder auf. Wenn er verpasste, versuchte er es noch einmal. Und wenn das Spiel vorbei war, fragte er immer: "Wann ist das nächste?"

Die Kindheit von Erling Haaland war geprägt von Freude, Hingabe und einer unerschütterlichen Liebe zum Spiel. In jedem Ball, den er kickte, lag ein Traum, und mit jedem Tag, der verging, kam er diesem Traum einen Schritt näher.

Herausforderungen

Die Luft in Norwegens Fußballplätzen war oft kalt und die Witterungsbedingungen hart, aber das hielt den jungen Erling Haaland nicht auf. Er war hungrig nach Erfolg und bereit, für seine Träume zu kämpfen. Doch auf seinem Weg gab es Hürden, die selbst der stärkste Stürmer meistern musste.

Erling war zwar größer und stärker als viele seiner Altersgenossen, aber das brachte auch Herausforderungen mit sich. Seine Größe machte ihn zum Ziel von Neid und manchmal spöttischen Kommentaren sowohl von Gegnern als auch von Teamkollegen. Erling musste lernen, mit diesen Sticheleien umzugehen und sie in Motivation zu verwandeln.

Dann kam der Tag, an dem Erling eine Verletzung erlitt. Ein falscher Tritt während eines Spiels, und plötzlich war das Bein, das so viele Tore geschossen hatte, nicht mehr in der Lage, ihn zu tragen. Während der langen Tage der Erholung fühlte Erling Frustration und Enttäuschung. Er sah zu, wie seine Teamkameraden ohne ihn spielten, und spürte, wie die Angst aufkam, nicht wieder der gleiche Spieler zu sein.

Aber Erling besaß nicht nur körperliche Stärke, sondern auch

mentale Zähigkeit. Anstatt sich von seiner Verletzung besiegen zu lassen, nutzte er die Zeit, um seine Strategie und sein Verständnis für das Spiel zu vertiefen. Er studierte große Fußballer, las Bücher über Sportpsychologie und visualisierte seine Rückkehr auf das Spielfeld.

Eine weitere Herausforderung kam von außerhalb des Spielfelds. Als sein Talent mehr Aufmerksamkeit auf sich zog, kamen auch die Erwartungen. Jeder schien eine Meinung darüber zu haben, was Erling tun oder nicht tun sollte. Die Medien begannen, seine Spiele zu besuchen, und die Augen der Fußballwelt richteten sich auf den Jungen aus dem kleinen Städtchen.

Mit der Unterstützung seiner Familie und echter Freunde blieb Erling jedoch geerdet. Seine Mutter lehrte ihn, dass Bescheidenheit und Hingabe Hand in Hand gehen müssen, und sein Vater riet ihm, niemals den Spaß am Spiel zu verlieren, unabhängig vom Druck.

Erling lernte, die Herausforderungen als Teil seines Weges zu sehen. Jedes Mal, wenn er fiel, stand er mit mehr Entschlossenheit auf. Er lernte, die schwierigen Zeiten zu schätzen, denn sie machten die Siege noch süßer. Er wusste, dass jede Prüfung ihn stärker machte, bereit für den Tag, an dem er seine Fußballschuhe schnüren und zeigen würde, dass er für die große Bühne geboren war.

Karriere

Nach den Stürmen der Herausforderungen kam der Glanz der Anerkennung. Erling Haaland, der junge Stürmer mit der Leidenschaft eines Löwen, hatte sich erhoben, stärker als zuvor. Seine Karriere begann zu blühen wie eine seltene Blume im norwegischen Winter.

Erst in der Akademie von Bryne FK, dann auf größeren Bühnen mit Molde FK unter der Anleitung des erfahrenen Trainers Ole Gunnar Solskjær, begann Erlings Talent zu leuchten. Seine Fähigkeit, Tore zu erzielen, schien mühelos, aber nur er wusste, wie viel Schweiß und Tränen dahintersteckten.

Dann kam der Tag, der sein Leben für immer verändern sollte. Erling trat in das Rampenlicht der Champions League, wo die Stars spielten, die er einst in seiner Kindheit bewunderte. Dort, in einem Stadion, das von begeisterten Fans gefüllt war, explodierte seine Karriere wie ein Feuerwerk am norwegischen Nationalfeiertag.

Mit Salzburg erzielte er in einem Spiel nach dem anderen Tore, als würde er eine magische Show für die Zuschauer aufführen. Seine Leistung war so beeindruckend, dass bald die größten Clubs in Europa an seiner Tür klopften.

Als Erling zum deutschen Giganten Borussia Dortmund wechselte, wusste er, dass die Erwartungen hoch sein würden. Er betrat den berühmten Signal Iduna Park, wo die Gelbe Wand, die mächtigste Fangemeinde der Welt, auf ihn wartete. Mit jedem Tor, das er schoss, wuchs die Liebe und Bewunderung der Fans. Sie sangen seinen Namen, und er gab ihnen Grund zum Feiern.

Mit unglaublicher Geschwindigkeit und einer Präzision, die an einen erfahrenen Schachspieler erinnerte, manövrierte Erling auf dem Spielfeld. Er hatte nicht nur die körperliche Stärke, sondern auch die Taktik und Intelligenz, um sich gegen die besten Verteidiger der Welt durchzusetzen.

Doch selbst als die Trophäen zu kommen begannen und sein Name in den Schlagzeilen auftauchte, blieb Erling demütig. Er wusste, dass Fußball ein Teamsport ist, und schätzte die Unterstützung seiner Mitspieler, Trainer und Fans, die ihn begleiteten.

Die Geschichte von Erling Haaland ist die Geschichte eines jungen Mannes, der aus den kalten Fußballfeldern Norwegens kam und die Herzen der Fußballwelt erwärmte. Es ist eine Geschichte darüber, wie man an sich glaubt, wie man Herausforderungen in Treppen zum Erfolg verwandelt und wie man trotz des Ruhms bescheiden bleibt.

Für Kinder auf der ganzen Welt, die davon träumen, in seine Fußstapfen zu treten, ist Erling Haaland ein leuchtendes Beispiel

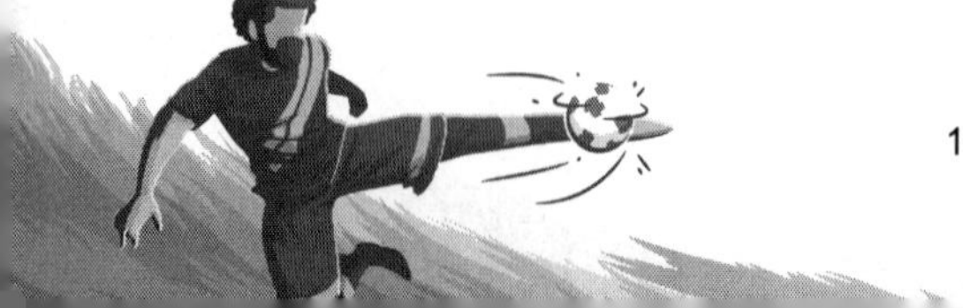

dafür, dass mit Hingabe, Entschlossenheit und einem starken Willen die Sterne nicht zu weit entfernt sind.

Lebensphilosophie und Werte

In den kühlen Brisen Norwegens, wo die Nächte lang und die Berge hoch sind, wuchs Erling Haaland mit Werten auf, die so fest waren wie das alte Fjell. Seine Lebensphilosophie wurde nicht nur auf dem Fußballfeld, sondern auch im stillen Glanz der Polarlichter geformt.

„Gib niemals auf!" – das war das Mantra, das Erling von seinen Eltern lernte. Sie hatten ihm beigebracht, dass das Leben wie ein Fluss ist, der ständig fließt und sich manchmal durch steinige Wege schlängelt. Erling verstand, dass, um die ruhigen Gewässer des Erfolgs zu erreichen, er durch die reißenden Strömungen der Herausforderungen navigieren musste.

Auf dem Spielfeld, wo der Jubel und der Gesang der Fans die Luft füllten, hatte Erling eine Philosophie des Respekts – Respekt vor dem Spiel, seinen Mitspielern, den Gegnern und den Schiedsrichtern. Er glaubte, dass Fußball eine Sprache ist, die über Grenzen hinweg verbindet, und jeder Spieler auf dem Feld ist ein Wort in dieser schönen Geschichte.

Teamgeist war ein weiteres starkes Element in Erlings Werten. Er wusste, dass ein einzelner Stern am Himmel hell leuchtet, aber erst die vielen Sterne zusammen das majestätische Bild einer Galaxie formen. Deshalb feierte er jedes Tor, jeden Sieg zusammen mit seinem Team, denn in der Einheit fand er Stärke.

Erling verstand auch die Bedeutung von Demut. Trotz seiner Tore und Erfolge behielt er den ruhigen Charakter eines norwegischen Winters bei. Er wusste, dass die Wellen des Ruhms kommen und gehen, aber der Fels der Demut standhaft bleibt.

Das wichtigste jedoch, was Kinder von Erling Haaland lernen können, ist die Kraft der Träume. Erling träumte groß, seit er ein kleiner Junge war, der gegen den Ball auf den verschneiten Feldern von Bryne trat.

Seine Träume waren wie die Nordlichter – wild, lebendig und wunderschön. Und genau wie diese Lichter, die den Himmel erleuchten, ließ Erling seine Träume seine Realität erhellen.

So lehrt die Geschichte von Erling Haaland junge Leser, dass man für seine Träume arbeiten, mit Integrität spielen und in jeder Situation Demut bewahren muss. Mit einem Ball an seinen Füßen und einem Herzen voller Hoffnung zeigt Erling, dass man, egal woher man kommt, seine eigene Legende auf dem Spielfeld des Lebens schreiben kann.

Zusammenfassung

Erling Haalands Geschichte ist mehr als eine Abfolge von bemerkenswerten Spielen und spektakulären Toren; sie ist ein Musterbeispiel für die Kraft der Zielstrebigkeit und den Wert der Beständigkeit. Von den frostigen Spielfeldern Norwegens bis hin zu den strahlenden Lichtern der weltgrößten Stadien zeigt Erling, dass Herkunft und Umstände nicht die Tragweite der eigenen Träume begrenzen müssen.

Kinder können aus Erlings Werdegang lernen, dass Hingabe und harte Arbeit Hand in Hand gehen müssen, um Erfolge zu erzielen. Sein unerschütterlicher Einsatz auf dem Trainingsplatz und seine Willensstärke in jedem Spiel sind lebendige Beispiele dafür, dass Talent alleine nicht ausreicht – es ist die Mühe und die Zeit, die man in seine Leidenschaft investiert, die wahre Meisterschaft formt.

Erling lehrt uns auch, dass im Teamgeist eine verborgene Kraft liegt. Der Fußball ist zwar seine Bühne, aber seine Teamkollegen sind die Ensemblemitglieder, ohne die das Stück nicht aufgeführt werden könnte. Es ist diese gegenseitige Unterstützung und das kollektive Streben nach einem gemeinsamen Ziel, das wahre Erfolge ermöglicht.

Darüber hinaus ist Erlings Demut, trotz des Ruhms und der Anerkennung, eine leise Erinnerung daran, dass man im Kern immer der Mensch

bleiben sollte, der man ist. Es ist eine Tugend, die lehrt, den Erfolg zu feiern, ohne den Boden unter den Füßen zu verlieren.

So kann die Geschichte von Erling Haaland Kinder überall dazu inspirieren, ihre Träume zu verfolgen, egal wie unerreichbar sie scheinen mögen. Sie lehrt, dass man mit Entschlossenheit und Teamarbeit Hindernisse überwinden und mit Demut und Respekt vor sich selbst und anderen die eigenen Ziele erreichen kann. Erlings Reise ist ein lebendiger Beweis dafür, dass man mit Passion und Hingabe seine eigene Legende formen kann – im Spiel des Fußballs und im größeren Spiel des Lebens.

Schlusswort

In den Geschichten dieser bemerkenswerten Fußballer finden wir eine gemeinsame Melodie – die des unaufhörlichen Strebens, der persönlichen Opfer und der unerschütterlichen Leidenschaft, die das Herzstück ihres Erfolgs bildet. Jeder von ihnen bringt eine einzigartige Nuance in das Spiel, das sie lieben, und hinterlässt ein unvergessliches Vermächtnis, das weit über die Tore, die Pokale und die Rekorde hinausreicht.

Lionel Messi, mit seinen tänzelnden Füßen, lehrt die Kunst der Beharrlichkeit, Cristiano Ronaldo, der Inbegriff der Disziplin und des Willens, zeigt, dass die Grenzen des Möglichen immer weiter gesteckt werden können. Kylian Mbappé erinnert uns daran, dass Jugend kein Hindernis für Größe ist, während Ronaldinho die Freude am Spiel verkörpert, die jede Anstrengung lohnt. Pelé's Geschichten sind Lehrstunden in Demut und Größe, und Mia Hamm ist das strahlende Beispiel, dass Leidenschaft keine Geschlechtergrenzen kennt.

Thomas Müller vermittelt den Wert von Intelligenz und Anpassungsfähigkeit auf dem Feld, und Diego Maradona hinterlässt die Botschaft, dass selbst ein Moment der Kontroverse eine ganze Karriere definieren kann. Franz Beckenbauers Lebenswerk spiegelt die Wichtigkeit von Vision und Führung wider, während Neymars Karriere uns lehrt, dass Kreativität und Mut Hand in Hand gehen.

Paolo Maldini steht für Treue und Konstanz, Manuel Neuer für Innovation und Mut zur Veränderung. Erling Haaland beweist, dass mit Zielstrebigkeit und Beständigkeit neue Generationen ihre eigenen Geschichten schreiben.

Aus all diesen Geschichten lernen wir, dass Fußball mehr ist als nur ein Spiel. Es ist ein Spiegelbild des Lebens selbst, voller Herausforderungen, Siege, Niederlagen und unvergesslicher Momente. Für junge Leser sind diese Athleten nicht nur Idole wegen ihrer Fähigkeiten mit dem Ball, sondern auch wegen ihrer Charakterstärke, ihrer Resilienz und ihrer Fähigkeit, durch beispielloses Engagement zu inspirieren.

Dieses Buch soll ein Leuchtfeuer sein – ein Leuchtfeuer, das zeigt, dass mit Hingabe, harter Arbeit und der Bereitschaft, aus Fehlern zu lernen, jeder seine eigenen Ziele erreichen kann. Es sind diese universellen Wahrheiten, die das Spiel so faszinierend machen und warum die Geschichten dieser Fußballhelden weit über das Feld hinaus nachhallen.

Mögen die jungen Leser die Lektionen, die diese Spieler verkörpern, in ihr eigenes Leben mitnehmen und erkennen, dass jeder von uns, egal ob auf dem Spielfeld oder im Alltag, die Fähigkeit hat, Geschichte zu schreiben – mit Entschlossenheit, Leidenschaft und dem unerschütterlichen Glauben an das, was möglich ist.

Printed in Poland
by Amazon Fulfillment
Poland Sp. z o.o., Wrocław

29296196R00065